어린이 경제 박사에게

지구에는 다양한 나라와 사람들이 함께 살아가고 있어요. 어떤 나라는 눈부신 고층 빌딩과 빠른 지하철이 가득하고, 또 어떤 곳은 넓은 들판과 조용한 시골 마을이 펼쳐져 있지요. 그런데 이처럼 다양한 나라들은 모두 각자의 특별한 방식으로 돈을 쓰고, 물건을 사고팔며, 경제생활을 해요.

이 책은 여러분이 세계 여러 나라를 여행하는 탐험가가 된 것처럼, 각국의 경제 상황과 재미있는 이야기를 통해 기초적인 경제 원리를 배우도록 도와줍니다. 예를 들어, 왜 어떤 나라에서는 물건값이 오르고, 또 어떤 나라에서는 사람들이 어떤 물건을 열심히 만들었는지, 세계 곳곳에서 일어나는 경제 현상들을 쉽고 재미있게 풀어 설명합니다.

이 책을 읽다 보면, 돈이 어떻게 생겨나고, 사람들이 왜 일하거나 저축하는지, 그리고 물가나 환율 같은 어려운 말들도 자연스럽게 이해할 수 있게 될 거예요. 여러분이 매일 사용하는 용돈부터, 세계 시장에서 벌어지는 큰일들까지, 경제가 우리의 생활과 얼마나 밀접한지 함께 살펴보아요.

자, 이제 세계 여행을 떠나듯 흥미진진한 경제 모험 속으로 함께 떠나볼까요? 여러분이야말로 미래를 이끌어갈 똑똑한 경제인, 작은 경제리더랍니다!

지은이 **박정호** 교수

등장인물 소개

기링이

서울대공원 출신의 기린, 고향 아프리카 생각 때문에 다른 나라에 관심이 많다. 호기심은 많지만 아는 게 없어 멍멍박사의 구박을 받기도 하지만 용기를 잃지 않고 묻고 또 묻는다.

멍멍박사

박정호 박사님 집에 머물며 서당개 3년에 경제 전문가가 된 멍멍이. 똑똑하고 설명하기를 좋아한다.

목차

1. 대만, 세상을 움직이는 작은 칩의 왕국 — 07
2. 네덜란드, 똑똑한 장사꾼들의 나라 — 21
3. 영국, 바깥 힘을 빌려 강해진 나라 — 35
4. 인도, 느린 코끼리가 달리기 시작했어요 — 47
5. 베트남, 절대 포기하지 않는 나라 — 61
6. 스웨덴, 함께 나누는 복지의 나라 — 75
7. 아랍에미리트, 사막에 꿈의 도시를 세우다 — 87
8. 모두의 '기회의 땅', 브라질! — 99
9. 땅속 보물이 가득! 멀지만 중요한 나라, 호주 — 113

10	작은 사자 도시, 싱가포르 이야기	**129**
11	예술의 나라 프랑스의 큰 고민, '에너지'	**143**
12	유럽과 아시아를 잇는 다리, 튀르키예(터키)	**157**
13	이스라엘, 작지만 강한 벤처 왕국	**171**
14	땅이 너무 비싸서 하늘까지 사고파는 뉴욕!	**185**
15	얼지 않는 항구를 찾는 러시아의 꿈	**195**
16	강한 나라들 사이에서 살아남은 스위스의 비밀	**207**

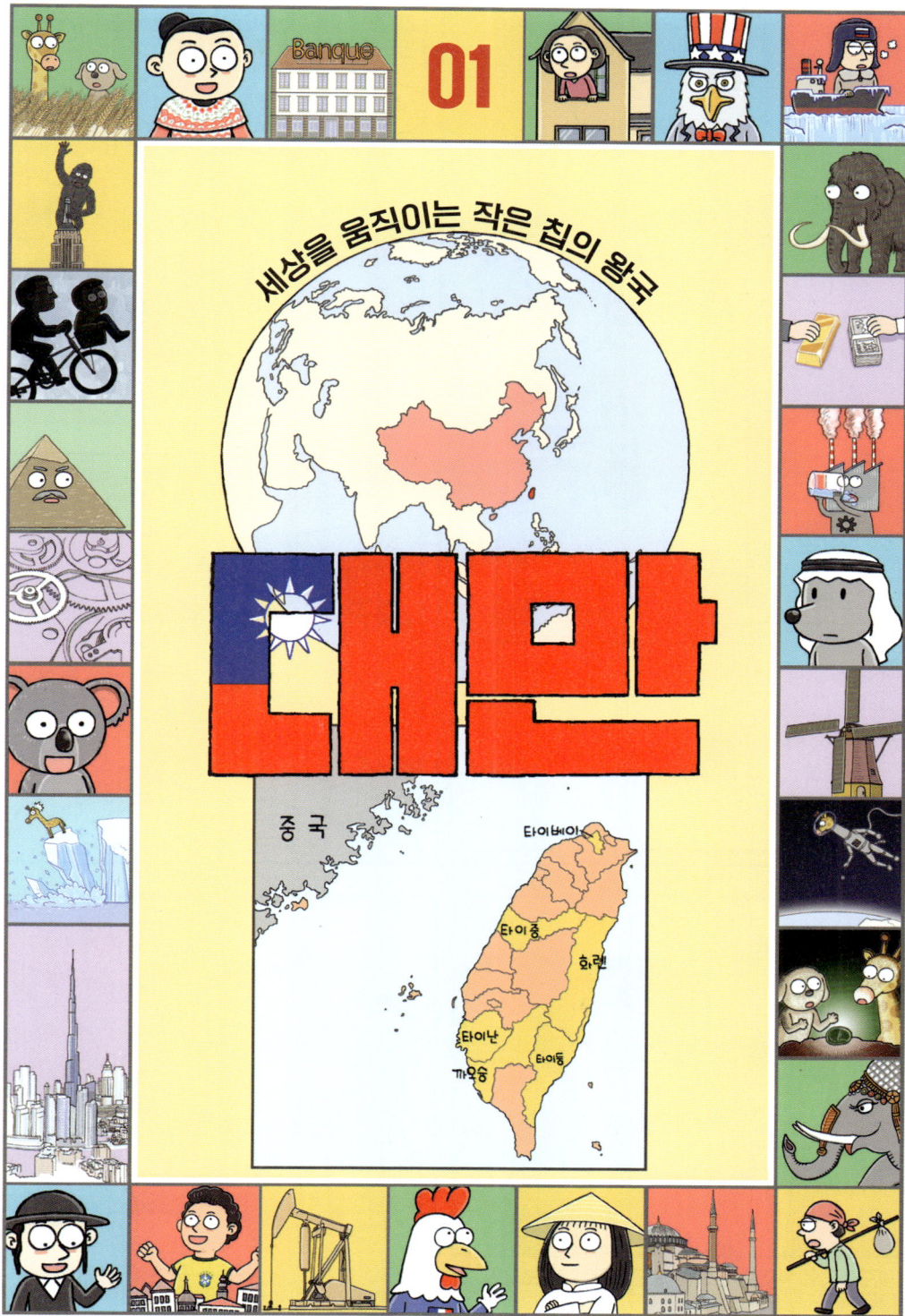

수도 : 타이베이
면적 : 36,197 ㎢
인구 : 약 2,340만 명(2025년)
공용어 : 표준 중국어, 대만어

2022년 미국이 주도하여 결성한 '칩4 동맹' 반도체의 안정적 공급을 위해 만들어졌다.

흉흉해진 국제정세를 보여주는 사건이면서

동시에 급부상한 반도체의 중요성을 보여주기도 하지.

미국이 설계를 맡고, 한국 대만이 제조하고 일본이 소재와 설비를 담당한대.

우리나라가 제조 담당이라니 감회가 새롭네.

우리가 알아볼 나라는 저 네 나라 중 대만.

세계적으로 유명한 반도체 회사 TSMC를 보유한 나라이다.

반도체의 나라 대만… 그 중심에는 TSMC가 있죠.

점유율 57.9%

*2023년 3분기 〈트렌드포스 조사〉

세계 반도체 파운드리 시장의 반 이상의 점유율을 가진 대단한 기업이에요.

첫 번째로 한 노력은 자국 기업의 기술력을 끌어올리기 위한 국책 연구기관 설립.

ITRI(공업기술연구원)이라는 기관이야.

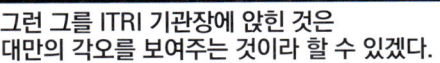

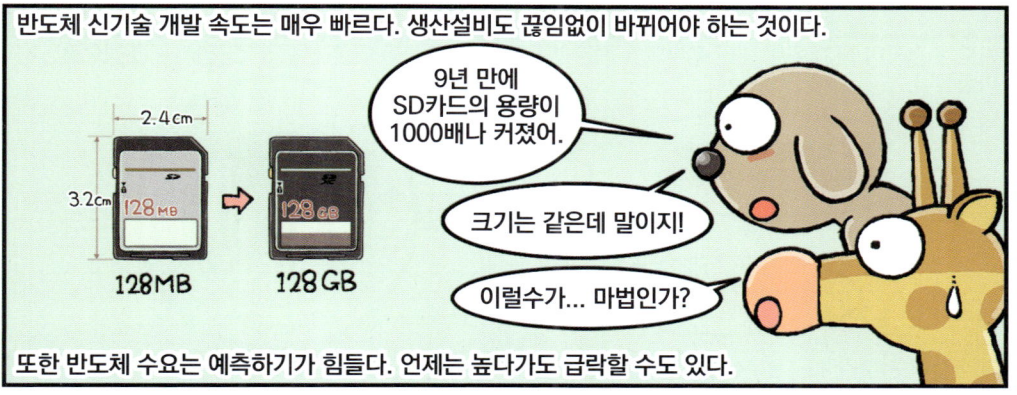

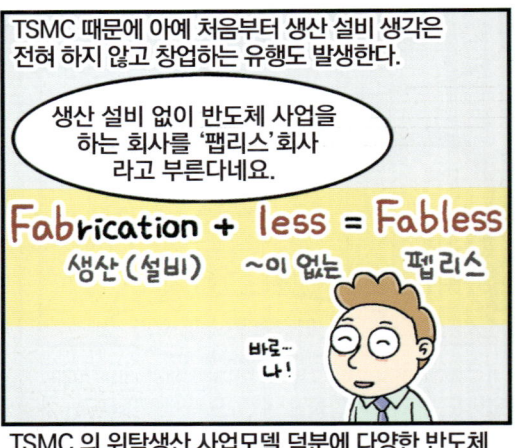

똑똑상식 플러스

대만 프로필

- 수도: 타이베이
- 인구: 약 2,340만 명 (우리나라 인구의 절반 정도예요)
- 면적 (땅 크기): 약 36,197 km² (우리나라 경상도보다 조금 커요)
- 1인당 GDP: 약 34,000달러 (우리나라와 비슷해요. 우리나라는 약 3만 700달러)
- 쓰는 돈 (통화): 신 대만 달러 (NT$)

 ### 가깝지만 잘 몰랐던 이웃

대만은 우리나라에서 비행기로 2시간 30분이면 갈 수 있는 가까운 섬나라예요. 버블티, 맛있는 길거리 음식이 가득한 야시장으로 유명하죠. 하지만 대만에게는 아주 특별한 비밀 무기가 있답니다. 바로 '반도체'예요.

 ### 세계 1등 반도체 공장, TSMC

여러분, '반도체'라고 들어봤나요? 우리가 매일 쓰는 스마트폰, 컴퓨터, 텔레비전, 자동차에 꼭 들어가는 '똑똑한 뇌' 같은 부품이에요. 대만에는 이 반도체를 세상에서 가장 잘 만드는 TSMC라는 회사가 있어요.

TSMC는 애플이나 삼성처럼 직접 스마트폰을 만들지는 않아요. 대신 애플, 엔

비디아(NVIDIA) 같은 멋진 회사들이 "이렇게 만들어주세요!" 하고 보낸 '설계도'를 받아서, 그대로 만들어주는 '세계 1등 반도체 공장'이랍니다.

만약 TSMC 공장이 멈추면, 전 세계에서 새로운 스마트폰이나 컴퓨터를 만들지 못할 수도 있어요! 그래서 TSMC는 대만의 가장 큰 자랑이자, 전 세계가 주목하는 아주 중요한 회사가 되었답니다.

 대만이 특별한 이유

TSMC가 이렇게 최고가 될 수 있었던 비밀은 '믿음'이에요. TSMC는 "우리는 우리 물건은 만들지 않아요. 오직 손님(고객)의 물건만 최고로 만들어줄게요!"라는 약속을 했어요.

이 약속을 지켰기 때문에, 애플 같은 회사들이 자기들의 가장 중요한 비밀 설계도를 TSMC에게 믿고 맡기는 거예요. 또 TSMC 주변에는 반도체를 만드는 데 필요한 다른 회사들이 잔뜩 모여 '반도체 마을'을 만들었어요. 다 함께 힘을 합치니까 더 빠르고 더 좋게 만들 수 있죠.

 작은 섬, 큰 힘

대만은 땅 크기는 작지만, TSMC라는 회사 하나만으로도 전 세계에 큰 영향을 미치고 있어요. 맛있는 음식과 함께, 이 '작은 칩의 왕국' 대만도 꼭 기억해주세요!

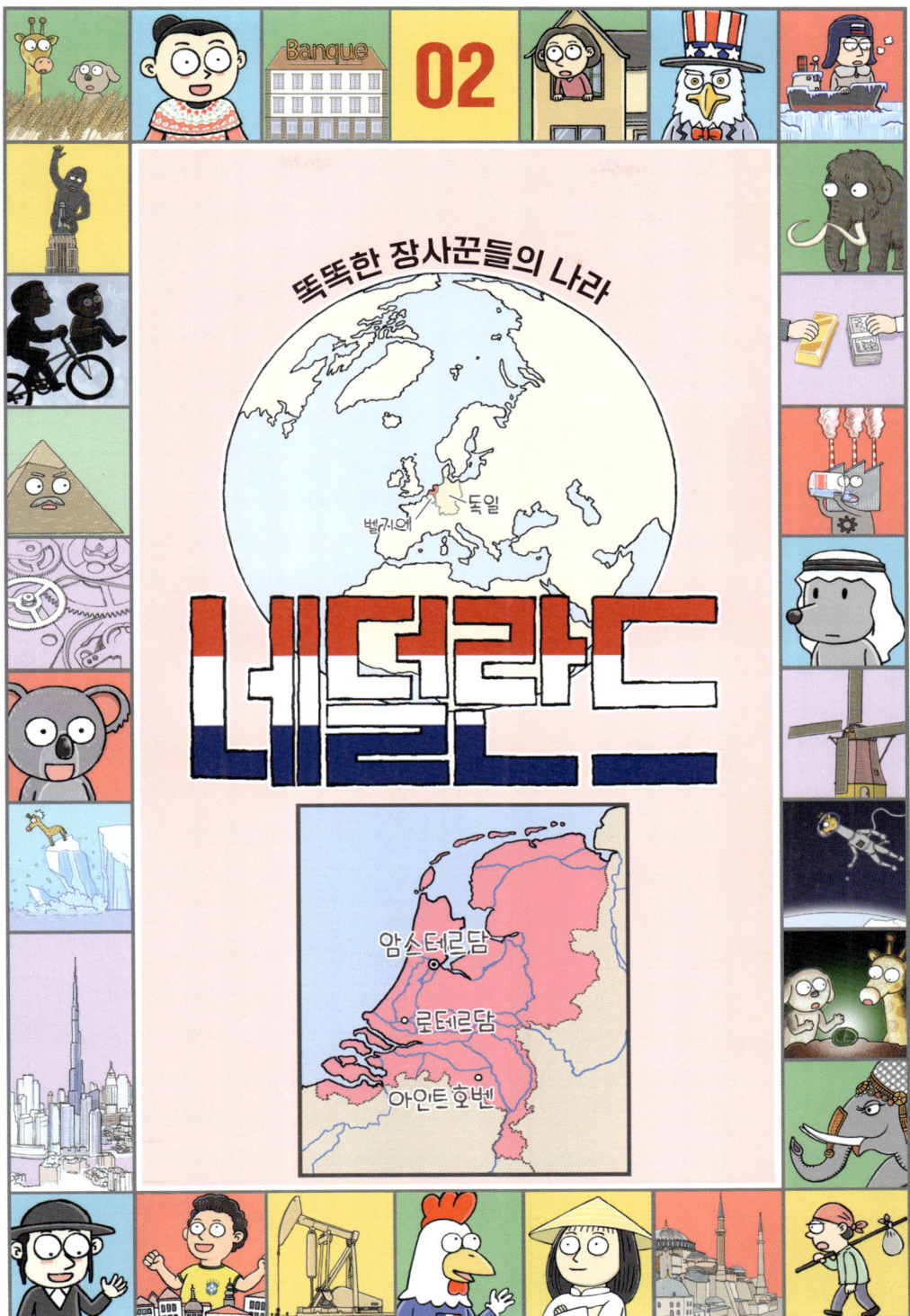

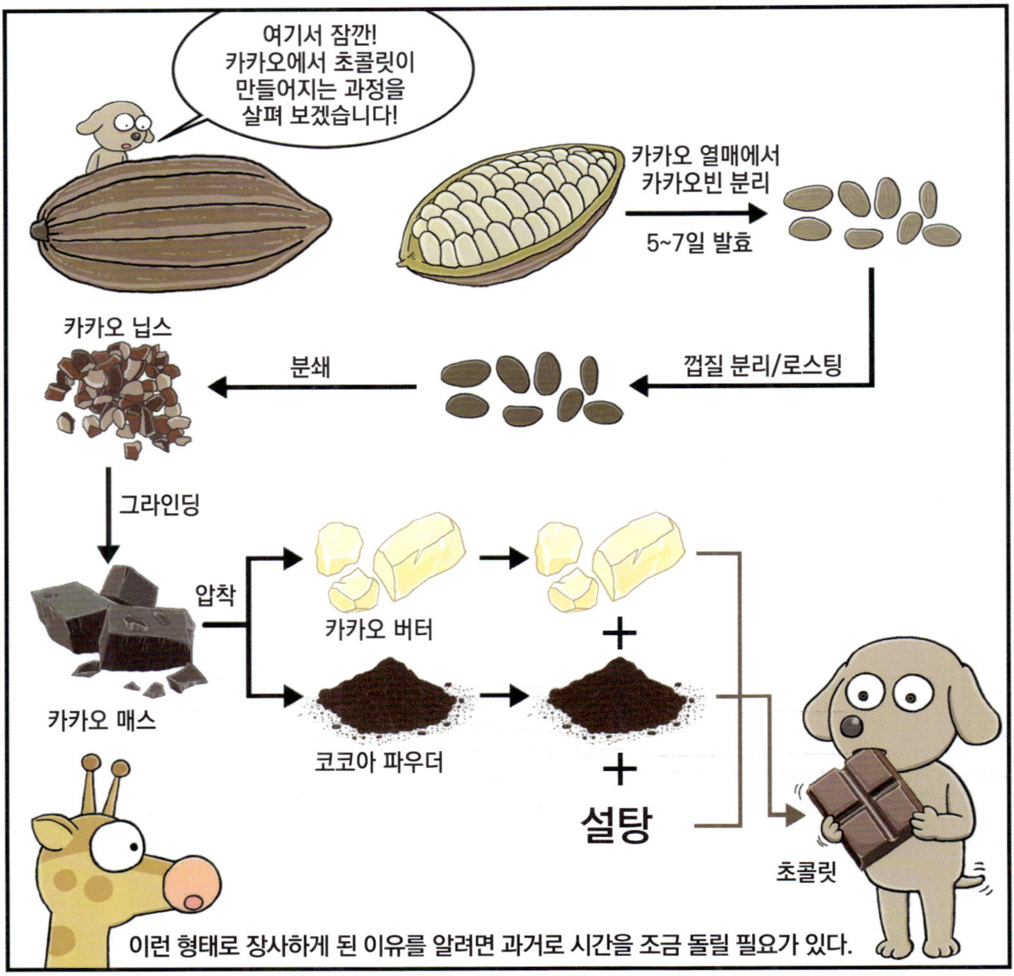

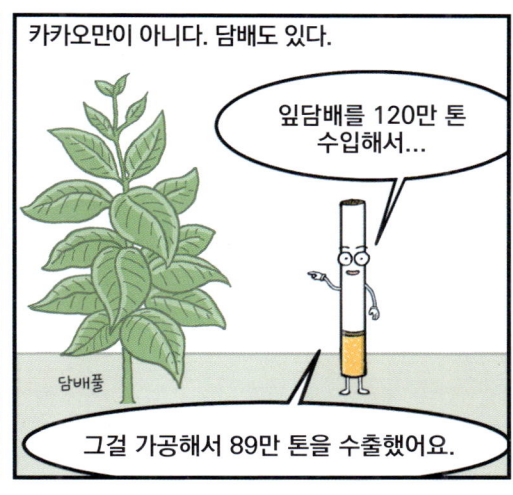

똑똑상식 플러스

네덜란드 프로필

- **수도**: 암스테르담
- **인구**: 약 1,835만 명 (우리나라 인구의 약 1/3이에요)
- **면적 (땅 크기)**: 약 41,865 km² (우리나라의 약 40% 크기예요)
- **1인당 GDP**: 약 70,000달러 (우리나라보다 훨씬 많아요)
- **쓰는 돈 (통화)**: 유로 (€)

 ### 풍차와 튤립의 나라? 그것만은 아니에요!

네덜란드 하면 무엇이 떠오르나요? 아마 풍차, 튤립, 넓은 꽃밭을 생각할 거예요. 네덜란드는 세계에서 두 번째로 농산물을 많이 파는 나라랍니다. 미국 다음이에요! 그런데 신기한 비밀이 있어요. 네덜란드를 진짜로 이해하려면 '상인의 나라'라고 생각해야 해요.

 ### 장사로 나라를 세웠어요

옛날 네덜란드는 스페인이 다스리는 땅이었어요. 하지만 스페인과 멀리 떨어져 있어서 네덜란드 상인들은 자유롭게 장사를 할 수 있었죠. 북유럽과 남유럽 사이에 있는 좋은 위치 덕분에, 여러 나라 사이에서 물건을 이어주며 파는 일로 큰돈을 벌었어요. 그런데 스페인 왕이 네덜란드에서 더 많은 세금을 걷고, 네덜란드 사람들이 믿는 종교를 인정하지 않았어요. 네덜란드 상인들은 화가 났고, 1567년에 독립을 위해 싸우기 시작했답니다. 장사로 번 돈과 자유를 원하는 마음이 나라를 세우는 힘이 되었어요!

장사꾼의 농업, 특별해요

네덜란드는 우리나라 경상남북도를 합친 크기밖에 안 돼요. 이렇게 작은 나라가 어떻게 세계 2위 농산물 수출국이 되었을까요? 비밀은 '물건을 이어주며 파는 일'에 있어요. 예를 들어볼까요? 네덜란드는 초콜릿 재료인 카카오를 세계에서 두 번째로 많이 수출해요. 그런데 네덜란드에서는 카카오가 하나도 자라지 않아요! 다른 나라에서 카카오를 사서 초콜릿처럼 새롭게 만든 뒤 다시 팔아요. 담배, 커피, 심지어 네덜란드를 상징하는 튤립과 장미도 마찬가지예요. 다른 나라에서 사온 것을 예쁘게 포장하거나 새롭게 만들어서 다시 파는 거죠. 네덜란드 상인들은 "우리가 직접 키우는 것보다 다른 곳에서 사서 파는 게 더 좋겠다!"고 생각했어요. 이 똑똑한 생각이 오늘날까지 이어지고 있답니다.

더 발전하는 네덜란드

요즘 네덜란드는 농산물로 더 특별한 것들을 만들어요. 예를 들어, 식물에서 약을 만들거나, 컴퓨터 기술로 농사짓는 법을 개발하죠. 네덜란드 사람들은 세계 여러 나라를 다니며 장사를 하면서 다양한 문화를 배웠어요. 그래서 다른 사람들을 잘 이해하고 받아들이는 열린 마음을 갖게 되었죠. 최근에는 영국이 유럽연합(EU)을 나가면서 많은 세계적인 회사들이 네덜란드로 옮겨오고 있어요. 네덜란드는 작은 나라지만 세계에서 여섯 번째로 물건을 많이 사고파는 나라예요. 똑똑한 상인 정신으로 작지만 강한 나라를 만든 거랍니다!

똑똑상식 플러스

🇬🇧 영국(UK) 프로필

- **수도**: 런던
- **인구**: 약 6,826만 명 (우리나라보다 조금 많아요)
- **면적(땅 크기)**: 약 242,495 km² (한반도와 비슷해요)
- **1인당 GDP**: 약 50,000달러 (우리나라보다 많아요)
- **쓰는 돈 (통화)**: 파운드 (£)

해가 지지 않는 나라

영국은 '해가 지지 않는 나라'로 불렸어요. 세계 곳곳에 식민지(힘으로 다스리던 나라)를 두고 있어서, 영국 땅 어딘가에선 항상 해가 떠 있었거든요. 영국 식민지였다가 독립한 나라가 60개국이나 돼요. 영국은 분명 세계 최강 국가였어요.

특허제도로 산업혁명을 이끌었어요

영국이 강해진 비밀은 '특허' 제도에 있어요. 17세기까지 영국은 농사를 짓는 나라였어요. 기술은 유럽의 다른 나라들이 훨씬 뛰어났죠. 그런데 1623년 영국은 새로운 기술을 발명한 사람을 지켜주는 '특허' 제도를 만들었어요. 그러자 유럽 각지의 기술자들이 영국으로 몰려들기 시작했답니다. 이들의 기술이 모여 산업혁명이 일어났고, 영국은 세계 최강국이 되었어요!

똑똑한 식민지 다스리기

영국이 식민지를 다스린 방법도 특별했어요. 프랑스는 직접 사람을 보내 다스렸지만, 영국은 식민지에 원래 살던 사람들 중 영국과 친한 사람을 지도자로 세우고 뒤에서 도왔어요. 똑똑한 식민지 사람들을 영국에서 교육시켜 높은 자리에 앉히기도 했죠. 덕분에 식민지였던 나라들이 독립한 후에도 영국과 친하게 지냈어요. 이들은 '영연방'이라는 친구 나라가 되어 함께 올림픽도 열고, 서로 여행이나 무역을 자유롭게 했답니다. 영국은 이번에도 바깥의 힘을 잘 활용한 거예요.

 ## 세계 돈의 중심지가 된 비결

런던은 세계 돈의 중심지예요. 세계 돈의 많은 부분이 런던에서 거래돼요. 그 비밀은 '세금을 깎아주는 것'이었어요. 옛날 식민지에서 번 돈을 영국으로 가져오기 어려웠던 영국 사람들을 위해 세금을 깎아줬는데, 이 제도가 계속 이어져 전 세계 부자들과 기업들이 런던으로 몰려들었답니다.

 ## 브렉시트 후 다시 시작하는 영국

최근 영국은 유럽연합(EU)을 나오는 '브렉시트'를 선택했어요. 많은 사람이 걱정했지만, 영국은 예전 방식대로 문제를 풀어가고 있어요. 세금을 낮추고, 외국 회사와 기술자들을 끌어들이는 거예요. 발명품(특허)으로 번 돈에는 세금을 적게 받고, 외국인이 영국에서 회사를 만들기 쉽도록 특별한 허가증도 만들었어요. 영국은 위기가 올 때마다 늘 바깥의 힘을 빌려 이겨냈어요. 이번에도 그럴 수 있을지 지켜보는 것이 흥미롭답니다!

똑똑상식 플러스

인도 프로필

- 수도: 뉴델리
- 인구: 약 14억 2,872만 명 (세계 1위! 우리나라보다 약 28배 많아요)
- 면적(땅 크기): 약 328만 km² (우리나라보다 약 33배 커요!)
- 1인당 GDP: 약 2,700달러 (우리나라보다 적어요)
- 쓰는 돈 (통화): 루피 (₹)

세계에서 가장 인구가 많은 나라

인도는 인구가 약 14억 2,872천만 명으로 세계 1위예요! (중국보다 많죠. 사실, 등록되지 않은 아이들까지 합치면 훨씬 더 많을 거라고 해요.)

하지만 아직 물건을 많이 사는 '소비 시장'이라고 부르기엔 일러요. 14억 명 중 스마트폰을 가진 사람이 3억 명 정도밖에 안 돼요. 경제가 빠르게 성장하고 있지만, 대부분의 사람들은 아직 비싼 물건을 살 만큼 돈을 많이 벌지 못하고 있어요.

지방정부가 더 강한 나라

인도는 '민주주의' 나라로, 투표를 아주 중요하게 생각해요. 정당이 무려 2,000개가 넘고, 선거를 하면 투표소가 100만 개나 만들어진답니다!

인도는 29개의 '주'로 이루어진 나라인데, 각 '주'가 거의 독립된 나라처럼 스스로 많은 것을 결정할 수 있어요. 그래서 인도에서 사업하려면 중앙정부뿐만 아니라 각 지방정부와도 따로 이야기해야 해요. 언어와 문화도 지역마다 달라서 같은 인도 사람끼리도 통역이 필요할 정도랍니다.

컴퓨터 천재들이 많은 이유

인도는 우수한 컴퓨터 인력이 정말 많아요. 구글, 마이크로소프트 같은 세계적인 회사의 사장님 중에 인도 출신이 많고, 미국 NASA 과학자의 36%가 인도 사람이에요! 이렇게 공학을 잘하는 이유는 옛날 신분 제도인 '카스트 제도'와 관련이 있어요. 많은 청년이 이 신분 제도에서 벗어나기 위해 공학을 공부했어요. 세계적인 회사에 들어가거나 새로운 회사(창업)를 만들어 큰돈을 벌 수 있었기 때문이죠. 인도 최고 명문대학인 인도 공과대학교에 들어가려는 경쟁은 세계에서 가장 치열하답니다.

달리기 시작한 코끼리

최근 인도는 '메이드 인 인디아'(인도에서 만들어요)라는 구호로 더 많은 외국 회사를 끌어들이고 있어요. 세금을 낮추고, 외국 회사가 일하기 편하도록 복잡한 규칙도 간단하게 바꾸고 있죠. 사람들은 인도를 '크고 느린 코끼리'가 이제 '달리기 시작했다'고 말해요. 앞으로 인도는 우리에게 많은 기회를 줄 거예요. 하지만 성공하려면 인도만의 특별한 점들을 잘 이해해야 한답니다!

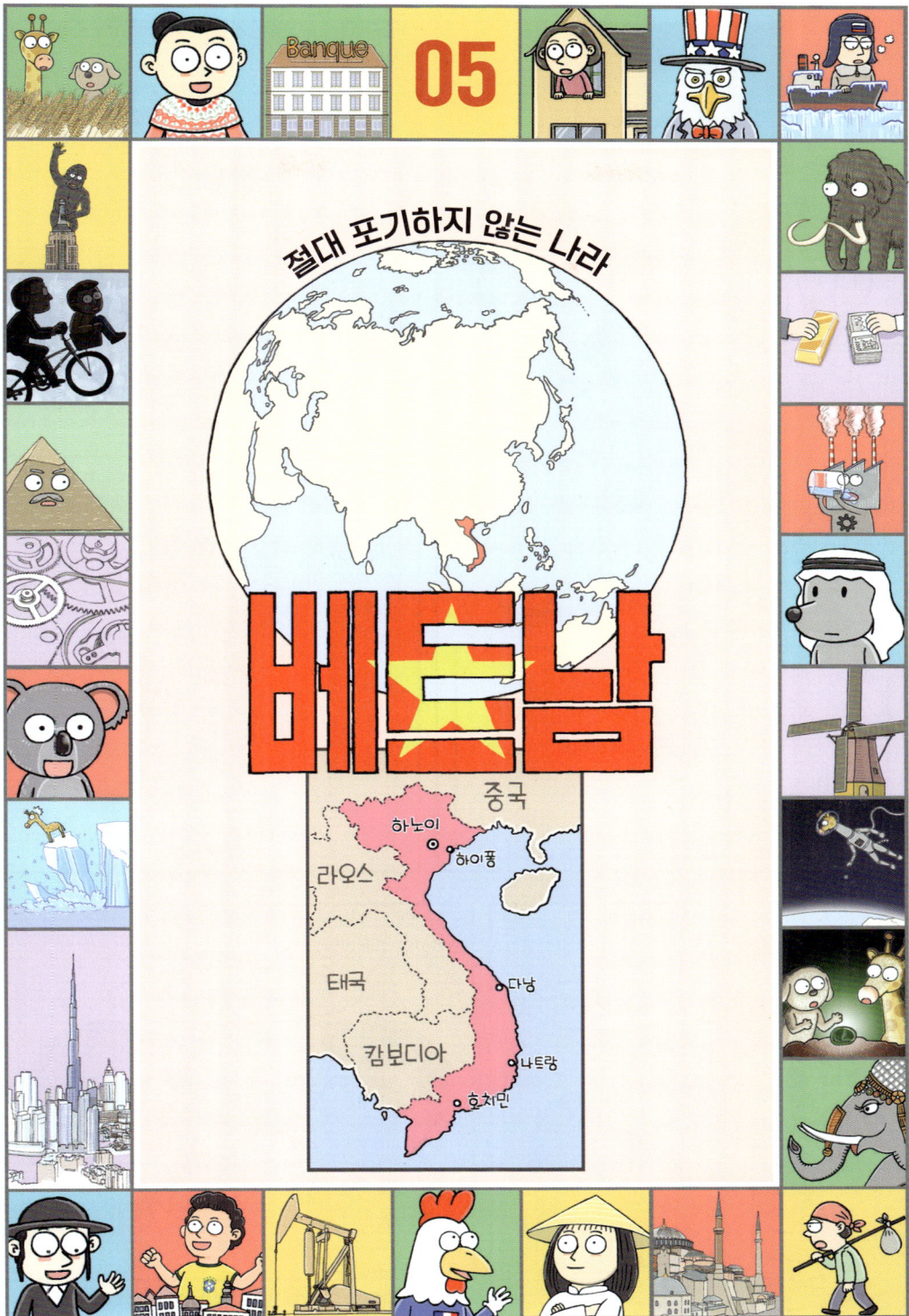

수도 : 하노이
면적 : 331,212 km²
인구 : 약 1억 110만 명(2024년)
공용어 : 베트남어

세상에는 늘 '세계의 공장'이 필요하다.

왜 세계의 공장이 필요하지?

그거야 ...우리가 쓸 물건을 누군가는 만들어줘야 하니까!

다국적 기업들은 공급 다변화가 소중하다. 그 과정에서 주목받는 나라가 있었으니 바로 베트남이다.

이 과정에서 한국이 선구자로 떠올랐는데 십 수년 전부터 이미 베트남과 활발한 인적 물적 교류를 해왔기 때문이다.

이거 먹을래?

역시 친구가 최고네.

베트남이 세계의 공장으로 대두되는 지금 베트남의 남다른 국민성도 주목받는다.

스티커도 주는 거지?

선 넘네.

오늘은 그것에 대해 알아보도록 하자.

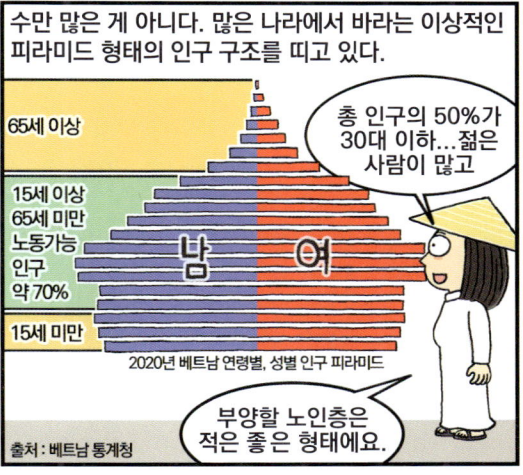

열악한 사회간접자본 인프라 또한 문제기 때문이다.

도로, 항만, 철도, 공항 등 기업활동에 필수적인 기초 인프라 구축이 절실한 상황이다.

그럼에도 불구하고 베트남의 성장성은 무궁무진하다.

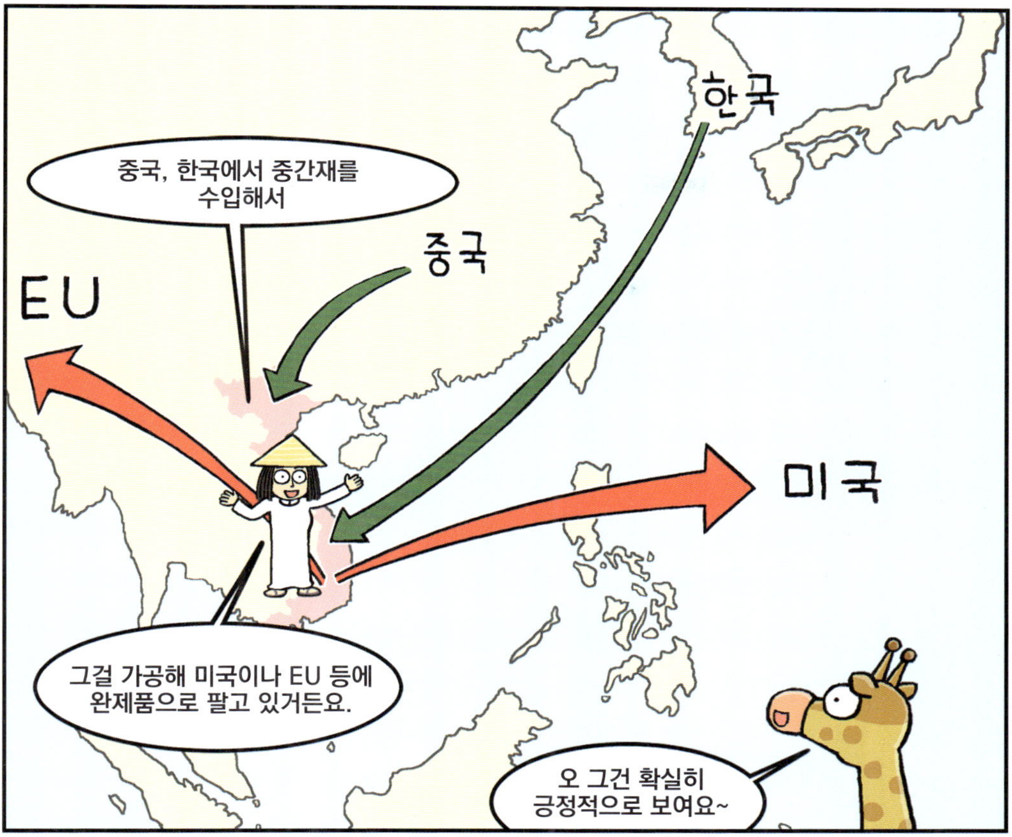

똑똑상식 플러스

베트남 프로필

- 수도: 하노이
- 인구: 약 1억 110만 명 (우리나라의 약 2배예요)
- 면적(땅 크기): 약 331,212 km² (우리나라보다 약 3.3배 커요)
- 1인당 GDP: 약 4,500달러 (우리나라보다 적어요)
- 쓰는 돈 (통화): 동 (₫)

천 년을 싸워 이긴 나라

베트남의 역사는 정말 특별해요. 보통 다른 나라에 오랫동안 지배를 받으면 그 나라의 특징이 사라지곤 하죠. 하지만 베트남은 달랐어요! 기원전 111년부터 무려 천 년 가까이 중국의 지배를 받았지만, 끈질기게 독립운동을 해서 983년에 독립을 이뤄냈어요. 그 후에도 세계 최대 제국이었던 몽골(원나라)의 침략을 세 번이나 물리쳤답니다. 쩐흥다오 장군은 강바닥에 나무 기둥을 미리 심어두고 몽골 군대를 유인해 크게 이겼어요. 베트남은 세계에서 유일하게 몽골의 침략을 모두 막아낸 나라가 되었답니다!

강대국들과 싸워 이긴 힘

2차 세계대전 후에는 프랑스, 미국, 중국과도 전쟁을 했어요. 1954년에는 프랑스를 물리쳤고, 1964년부터 시작된 베트남전쟁에서는 세계 최강국 미국도 이겼어요. 1976년 마침내 베트남은 통일을 이뤘답니다. 1979년에는 중국과도 싸워 이겼죠.

이렇게 강한 베트남 사람들의 힘은 열심히 공부하는 마음과 부지런함에서 나왔어요. 오랜 역사를 통해 만들어진 '절대 포기하지 않는' 사람들의 마음이 베트남을 특별하게 만든 거예요.

 젊고 활기찬 나라

베트남의 또 다른 강점은 '젊음'이에요. 인구가 약 9,500만 명인데, 절반이 30대 미만이랍니다! 젊은 사람이 많아서 물건을 많이 사고, 미래가 밝은 시장이에요.

위치도 좋아요. 여러 나라가 모여있는 동남아시아의 중심에 있고, 긴 해안선을 가지고 있어서 여러 나라와 물건을 사고팔기 편해요. 우리나라는 일찍부터 베트남에 관심이 많았어요. 베트남은 이미 중국, 미국 다음으로 우리나라가 세 번째로 물건을 많이 파는 나라랍니다. 삼성전자 베트남 공장은 베트남 전체 경제의 20%나 차지할 정도예요!

 앞으로가 더 기대되는 나라

아직 도로나 배가 드나드는 항구 같은 시설이 부족하고 고칠 점이 많아요. 하지만 베트남의 성장 가능성은 아주 커요. 요즘은 중국이나 한국에서 부품을 받아 가공해서 미국이나 유럽에 파는 방식으로 바뀌고 있어요. 천 년 동안 포기하지 않았던 베트남 사람들의 힘이 다시 한번 빛을 발할 거예요!

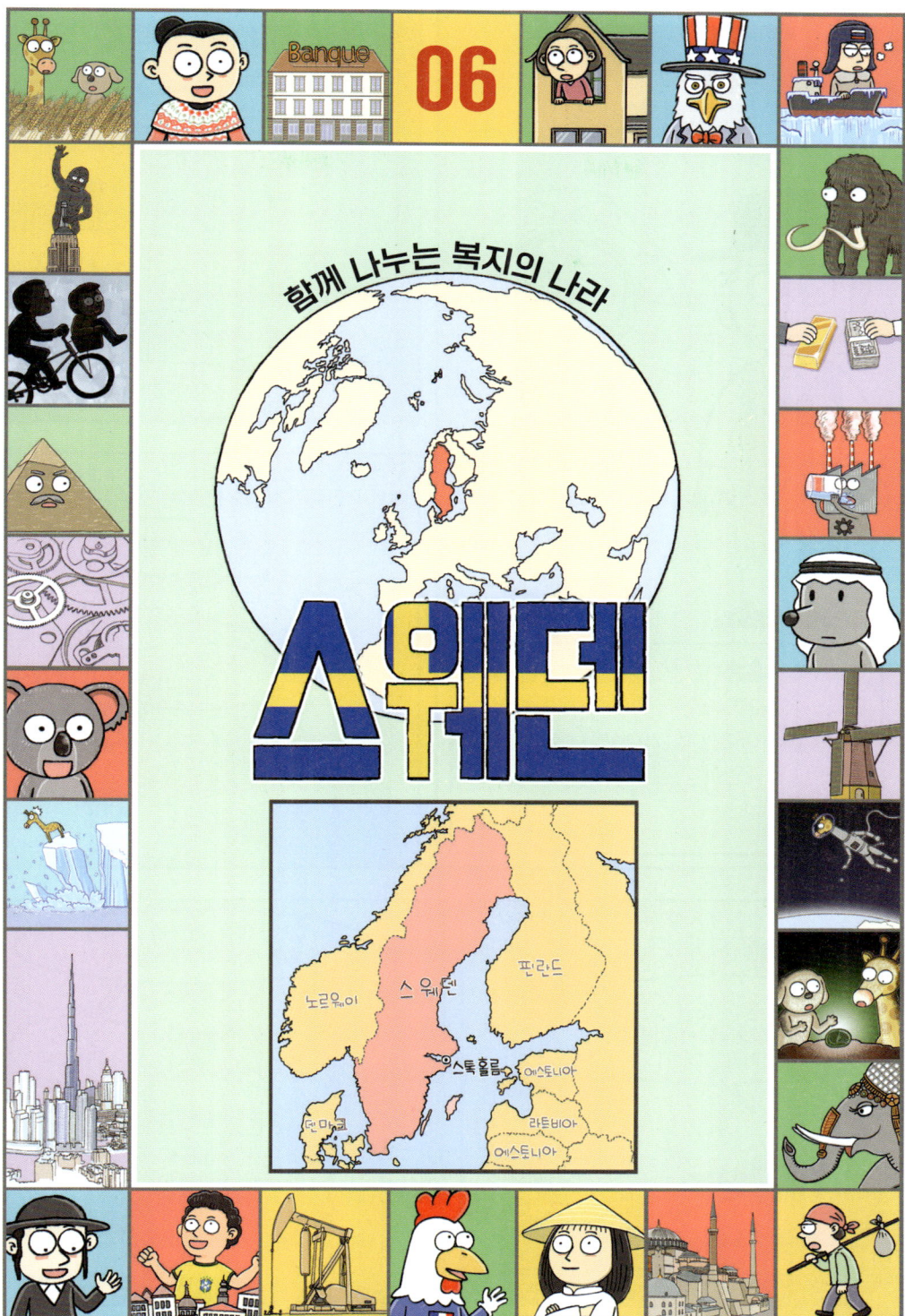

수도 : 스톡홀름
면적 : 450,295 ㎢
인구 : 약 1,058만 명(2024년)
공용어 : 스웨덴어

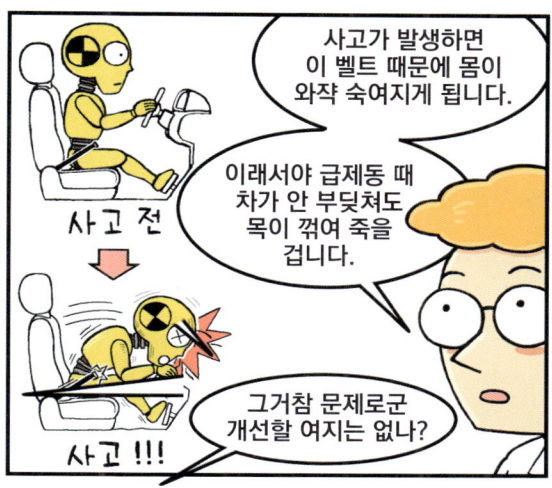

어느 누구나 일정 수준 이상의 삶을 살 수 있게 해주는 사회 안전망을 갖추는 것에 반대할 사람은 없다.

그러나 그런 사회구조를 갖추기 위해서는 시민들의 합의된 결론, 시민의식이 요구된다.

체계적으로 구조를 만들어갈 사회제도도 물론 중요하다.

복지로는 세계에서 가장 우수한 국가 중 하나인 스웨덴. 그들의 비결을 보고 배울 필요가 있다.

똑똑상식 플러스

스웨덴 프로필

- **수도:** 스톡홀름
- **인구:** 약 1,058만 명 (서울 인구와 비슷해요)
- **면적 (땅 크기):** 약 450,295 km² (우리나라보다 약 4.5배 커요)
- **1인당 GDP:** 약 60,000달러 (우리나라보다 많아요)
- **쓰는 돈 (통화):** 크로나 (kr)

 복지의 천국은 어떻게 만들어졌을까?

스웨덴은 '복지의 천국'으로 불려요. 국민들이 세금을 내면 국가가 생활에 필요한 거의 모든 것을 제공해요. 하지만 스웨덴이 복지 국가가 된 진짜 비밀은 세금이 아니에요. 바로 '함께 살아가자'는 마음이랍니다!

스웨덴 사람들은 문제를 혼자가 아닌 '우리 모두'의 관점에서 해결해요. 스웨덴의 유명한 가구 회사 이케아 제품을 볼까요? 이케아 가구는 화려하지 않고 무난해요. 어디에 놓아도 잘 어울리죠. 옷 회사 H&M도 마찬가지예요. 프랑스나 이탈리아 옷처럼 화려하지 않고 편하게 입을 수 있어요. 스웨덴 사람들은 자신만 돋보이는 것보다 다 함께 어울리는 걸 더 좋아하거든요.

자동차 회사 볼보의 이야기는 더 감동적이에요. 볼보는 지금 우리가 사용하는 안전벨트를 세계 최초로 만들었어요. 그런데 다른 회사들도 쓸 수 있도록 만드는 방법을 공짜로 알려주었답니다. 돈보다 사람들의 안전이 더 중요하다고 생각한 거예요!

정보를 나누는 특별한 방법

스웨덴에는 신기한 제도가 있어요. 세금을 관리하는 곳(국세청) 사이트에서 다른 사람이 1년에 얼마를 버는지 볼 수 있어요! 이렇게 정보를 공유하는 이유는 '함께' 잘 살기 위해서예요. 어려운 사람을 도와주려면 누가 얼마나 힘든지 알아야 하니까요.

스웨덴이 남녀평등이 잘 이루어진 나라인 이유도 여기 있어요. 여성도 남성과 똑같은 공동체의 일원이니까 사회생활을 할 수 있도록 나라가 적극 도와줘요.

스웨덴은 2004년에 부모님의 재산을 물려받을 때 내는 '상속세'를 없앴어요. 부자들이 세금 때문에 나라를 떠나는 일이 생겼거든요. 상속세를 없애자 외국에 있던 기업가들이 다시 돌아왔답니다.

 ## 함께하는 것의 의미

요즘 스웨덴에는 다른 나라에서 온 난민이 많이 들어와요. 난민도 공동체의 일원이니 복지 혜택을 받을 수 있거든요. 이것이 새로운 문제가 되기도 해요.

복지가 잘 되려면 단순히 제도만 있어서는 안 돼요. 국민들이 함께 살아가자는 마음을 가져야 하고, 이를 위한 제도도 잘 만들어져야 해요. 스웨덴이 우리에게 알려주는 중요한 교훈이랍니다!

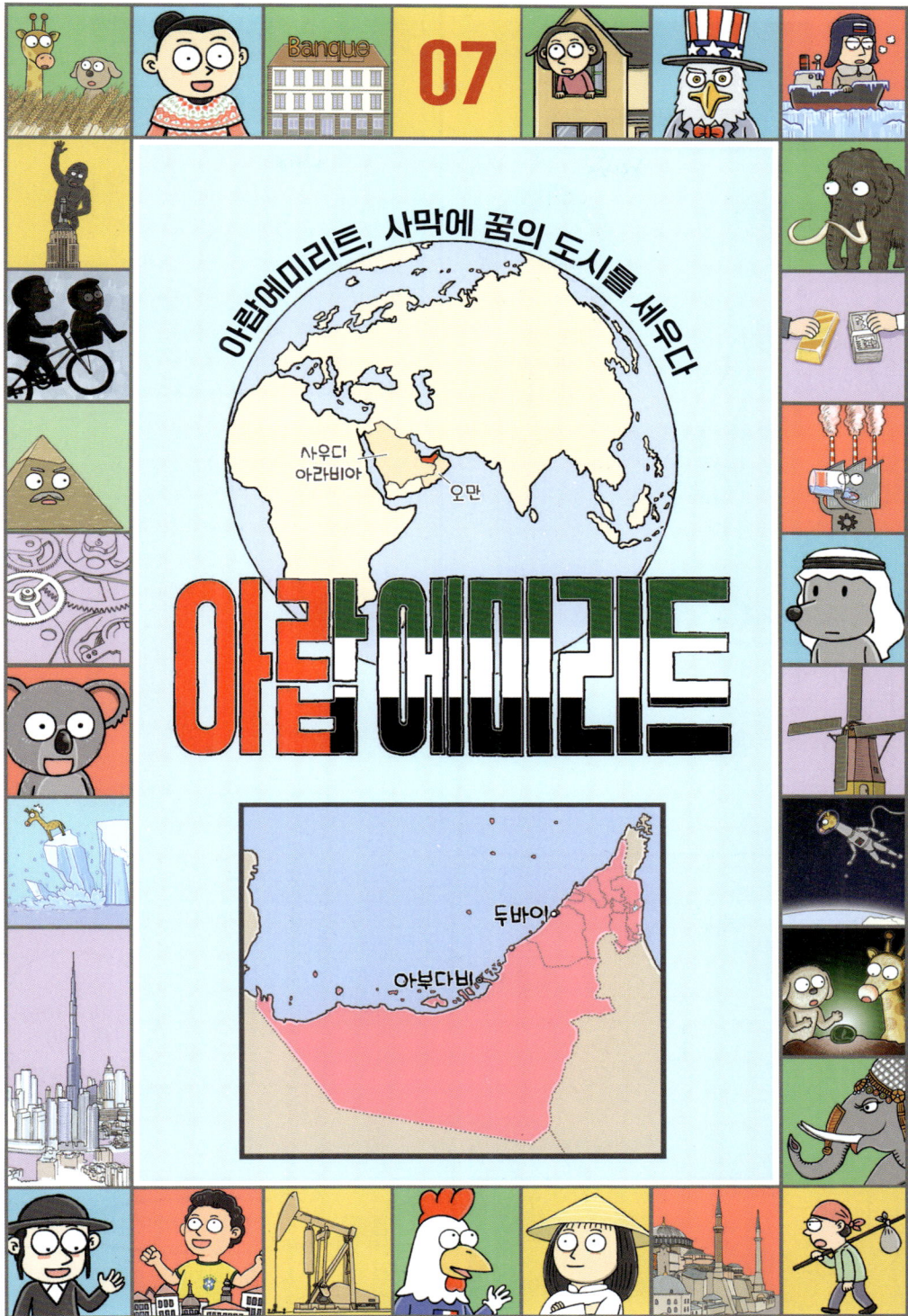

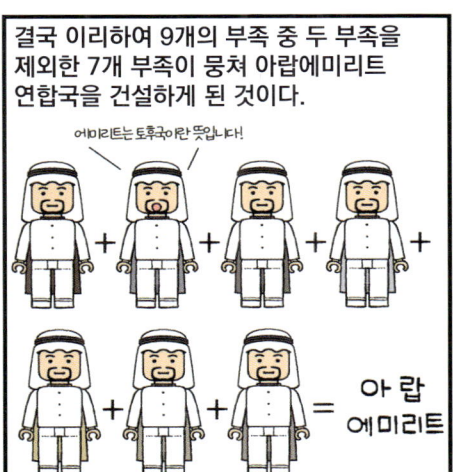

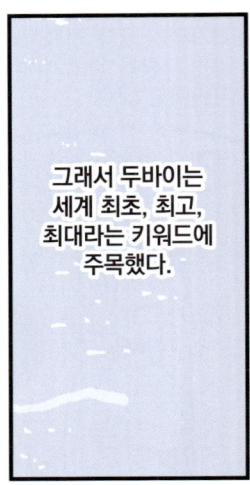

똑똑상식 플러스

아랍에미리트 프로필

- 수도: 아부다비
- 인구: 약 1,088만 명 (서울 인구와 비슷해요)
- 면적(땅 크기): 약 83,600 km² (우리나라와 비슷해요)
- 1인당 GDP: 약 54,000달러 (우리나라보다 많아요)
- 쓰는 돈 (통화): 디르함 (AED)

7개 부족이 모여 만든 나라

아랍에미리트는 1971년 영국에서 독립한 나라예요. 7개 부족이 모여서 만들었답니다. 두바이, 아부다비, 샤르자 등이 그 부족들이에요. 아부다비의 왕이 대통령이 되고, 두바이의 왕이 부통령이 되는 특별한 방식으로 나라를 운영해요.

옛날 이 지역은 해적들의 소굴이었어요. 어업과 진주 채취로 살아가는 가난한 곳이었죠. 그런데 20세기 초 석유가 발견되면서 모든 것이 바뀌었어요! 아랍에미리트는 세계에서 여섯 번째로 석유가 많은 나라가 되었고, 석유로 번 돈으로 국민들에게 공짜로 교육과 치료를 해주고, 유학비용도 지원해줬답니다.

석유가 사라지기 전에 준비하다

하지만 아랍에미리트에는 큰 고민이 있었어요. 석유가 2050년쯤이면 다 떨어진다는 거예요! 그래서 두바이와 아부다비는 석유가 없어진 후에도 사람들이 계속 찾아오는 도시를 만들기로 했어요.

어떻게 했을까요? '세계 최고', '세계 최대', '세계 최초'라는 목표를 세웠어요! 두바이에는 세계에서 가장 높은 빌딩인 부르즈 칼리파, 가장 큰 쇼핑몰인 두바이 몰, 중동 최초의 실내 스키장, 세계에서 가장 비싼 호텔, 세계 최대의 인공섬을 만들었답니다. 아부다비에는 유명한 루브르박물관과 구겐하임 박물관, 페라리 월드를 만들었어요.

 ## 기업들이 좋아하는 환경

세계적인 회사들을 끌어들이려면 좋은 환경이 필요해요. 아랍에미리트는 회사가 내는 세금과 개인이 내는 세금이 없어요! 석유 회사와 은행들에게만 세금을 받아요. 다른 중동 국가와 달리 외국인들에게는 이슬람교의 규칙을 강하게 요구하지 않아요. 중동 국가 중 유일하게 외국인이 술을 마실 수 있고, 외국인 여성은 옷을 자유롭게 입을 수 있답니다.

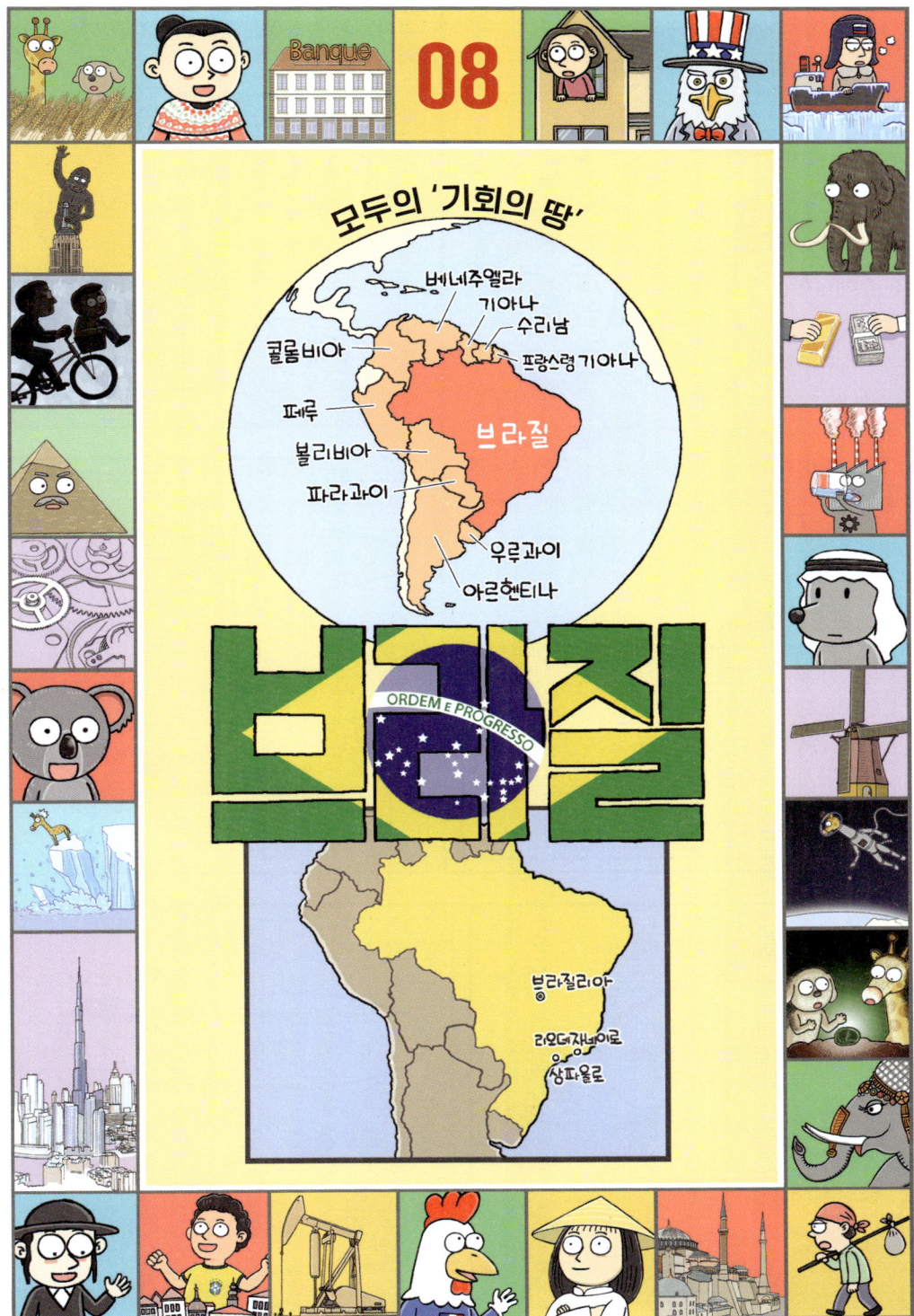

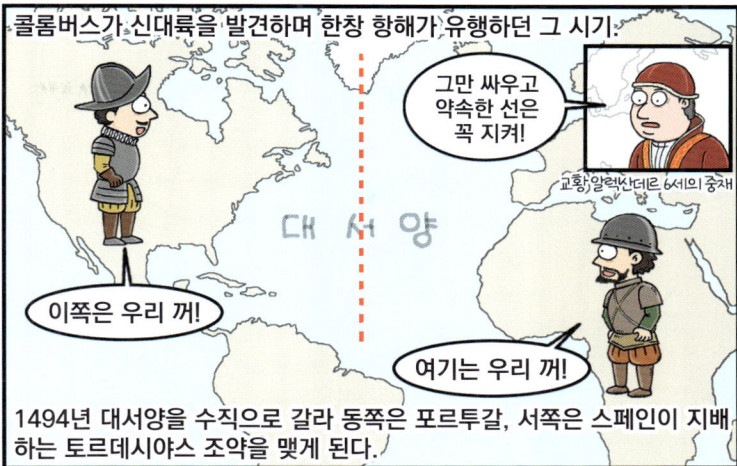

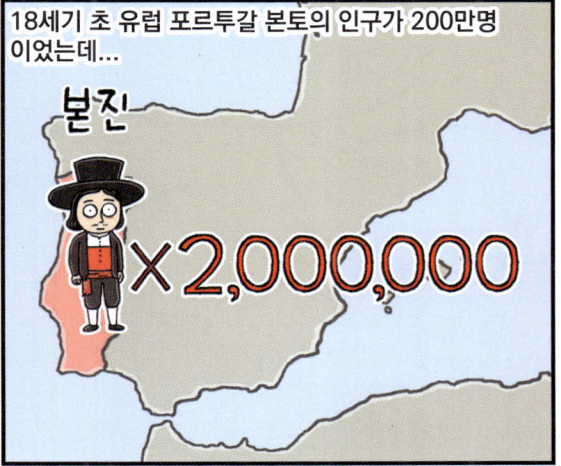

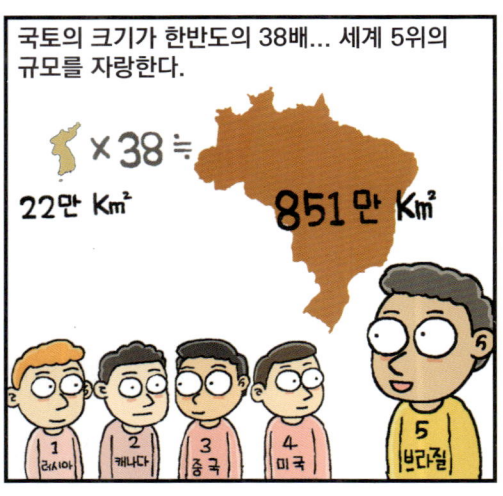

똑똑상식 플러스

브라질 프로필

- **수도**: 브라질리아
- **인구**: 약 2억 1,700만 명 (우리나라보다 약 4배 많아요)
- **면적(땅 크기)**: 약 851만 km² (우리나라보다 약 85배 커요!)
- **1인당 GDP**: 약 10,000달러 (우리나라보다 적어요)
- **쓰는 돈(통화)**: 헤알 (R$)

또 다른 '기회의 땅'

'기회의 땅'이라는 말이 있어요. 미국처럼 전 세계 사람들이 자신의 꿈을 이루기 위해 모이는 곳을 말하죠. 우리나라(대한민국)도 요즘 아시아의 여러 나라 사람들에게 '기회의 땅'으로 여겨지고 있답니다. 그런데 우리에겐 조금 낯설지만, 아주아 '기회의 땅'이 또 있어요. 바로 브라질이에요!

포르투갈이 찾은 '설탕'과 '금'

아주 먼 옛날, 브라질에서 가장 먼저 기회를 찾은 나라는 포르투갈이에요. 포르투갈은 스페인과 약속을 해서 브라질 땅을 차지하게 되었어요. 포르투갈은 브라질에서 돈이 되는 '설탕'을 만들기로 했어요. 설탕의 원료인 사탕수수를 키우려면 일할 사람이 아주 많이 필요했어요. 처음엔 브라질에 살던 원주민들에게 일을 시켰지만, 무서운 병에 걸려 많은 사람이 목숨을 잃었어요. 그래서 포르투갈은 아프리카에서 사람들을 노예로 데려오는 슬픈 역사를 만들었답니다. 그 후, 브라질에서 '금'이 발견되자 더 많은 포르투갈 사람들이 브라질로 이사 왔어요! 나중에는 브라질이 포르투갈 본토보다 더 부자 나라가 될 정도였죠. 결국 브라질은 1822년, 포르투갈로부터 독립을 선언하고 멋진 나라를 세웠답니다.

일본 농부들의 새로운 시작

1900년대에는 일본 사람들이 브라질에서 기회를 찾았어요. 당시 가난했던 일본 농부들이 농사를 짓기 위해 브라질로 이민을 온 거예요. 일본 사람들은 브라질에서 감, 사과, 딸기, 고추 같은 새로운 작물들을 키우기 시작했어요. 또 '농업 협동조합'(농부들이 힘을 합치는 모임)을 만들어 농부들이 힘을 합쳤어요. 같이 물건을 팔고 서로 도우면서 브라질 농업을 크게 발전시켰답니다. 지금도 브라질은 일본 바깥에서 일본 사람들이 가장 많이 사는 나라예요.

지금도 멋진 기회의 땅!

브라질은 지금도 여전히 '기회의 땅'이에요. 세계에서 5번째로 땅이 크고, 우리나라보다 85배나 넓어요! 맛있는 음식을 세계에서 2번째로 많이 수출하고, 석유나 철 같은 땅속 보물도 아주 많아요. 2억 명이 넘는 사람들도 살고 있죠. 그래서 주변 남미 나라 사람들도 브라질로 와서 새로운 꿈을 꾸고 있어요. 우리나라에게도 브라질은 아주 중요해요. 자동차나 화장품처럼 우리나라가 만든 물건을 많이 사주는 고마운 친구랍니다!

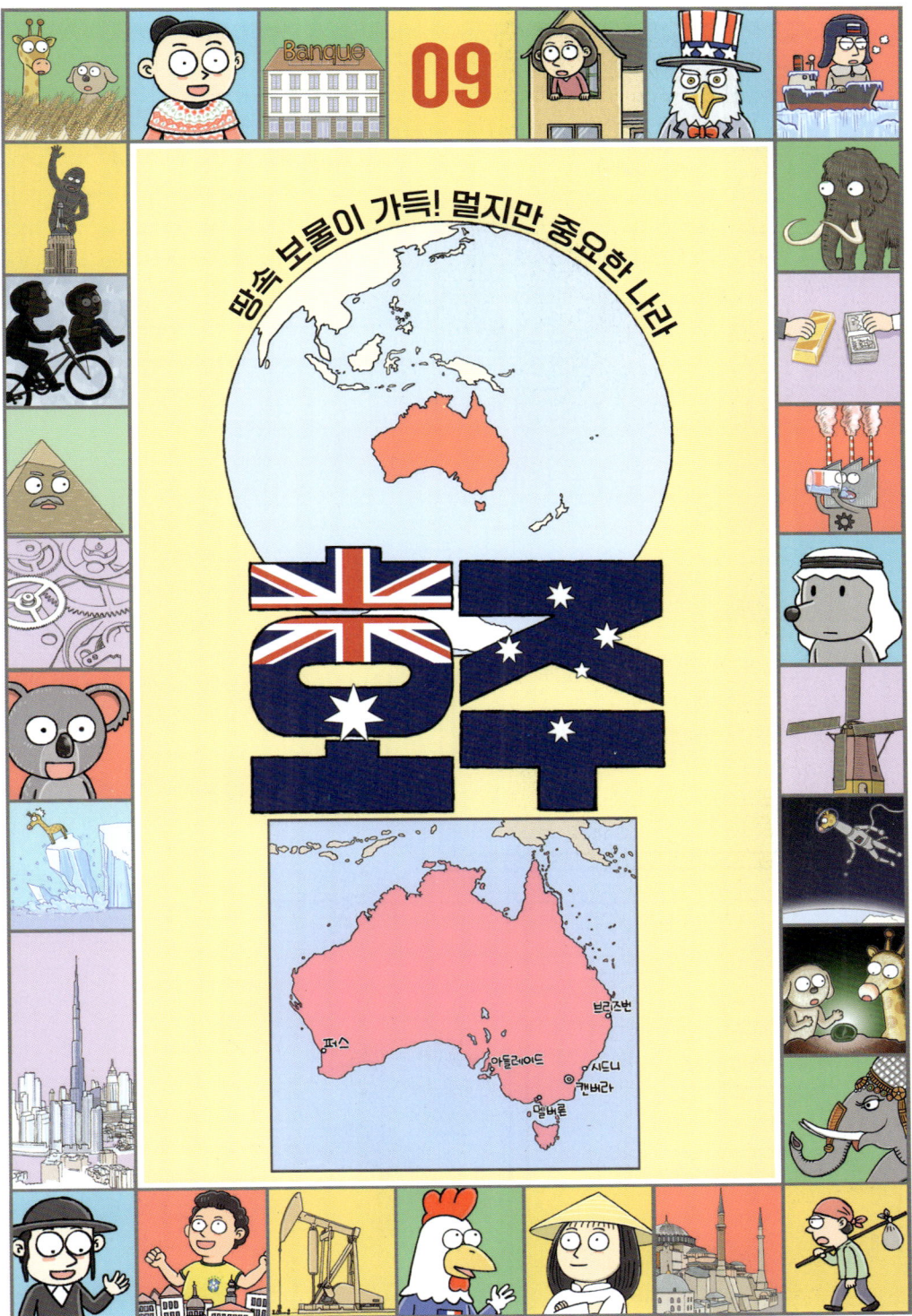

- 수도 : 캔버라
- 면적 : 7,688,000㎢
- 인구 : 약 2,760만 명(2025년)
- 공용어 : 영어

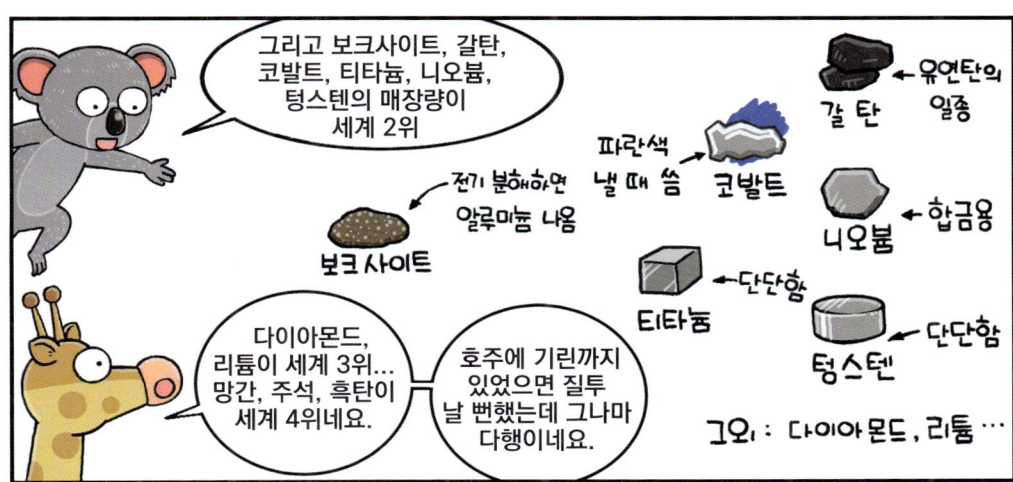

똑똑상식 플러스

호주 (오스트레일리아) 프로필

- **수도**: 캔버라
- **인구**: 약 2,760만 명 (우리나라 인구의 절반 정도예요)
- **면적(땅 크기)**: 약 769만 km² (우리나라보다 약 77배 커요!)
- **1인당 GDP**: 약 65,000달러 (우리나라보다 훨씬 많아요)
- **쓰는 돈 (통화)**: 호주 달러 ($)

멀지만 중요한 땅속 보물 부자

호주는 우리나라에서 비행기로 10시간이나 걸리는 아주 먼 나라예요. 하지만 전 세계는 호주를 아주 중요하게 생각해요. 왜냐하면 호주는 세계에서 가장 많은 '땅속 보물' (자원)을 가진 나라 중 하나이기 때문이에요! 우리나라도 호주에서 꼭 필요한 자원들을 많이 가져오고 있어요. 그리고 요즘 호주는 미국과 중국이 힘겨루기를 하는 중요한 무대가 되었답니다.

죄수들의 땅에서 황금의 땅으로

호주의 시작은 조금 특별해요. 아주 옛날, 영국은 죄수들을 보낼 감옥이 부족했어요. 그래서 1788년, 죄수들을 배에 태워 아주 멀리 떨어진 호주 땅으로 보냈죠. 호주는 너무 멀어서 죄수들이 도망칠 수 없는 완벽한 감옥섬이었어요. 하지만

1851년, 호주에서 반짝반짝 빛나는 '금'이 발견되면서 모든 것이 바뀌었어요! "호주에 가면 금을 찾을 수 있대!" 이 소문이 퍼지자 전 세계 사람들이 호주로 몰려들기 시작했답니다.

땅속 보물이 정말 많은 나라

호주는 지금도 땅속 보물 덕분에 발전하고 있어요. 호주는 세계에서 석탄과 철광석을 가장 많이 수출하는 나라예요. 그 밖에도 금, 우라늄, 리튬(배터리를 만들 때 필요해요!) 같은 중요한 자원들이 세계 최고 수준으로 어마어마하게 묻혀 있답니다.

호주를 두고 힘겨루는 미국과 중국

이 많은 자원을 가장 많이 사가는 나라는 바로 '세계의 공장'이라고 불리는 중국이에요. 그런데 미국이 중국의 힘을 약하게 만들기 위해 호주와 친하게 지내기 시작했어요.

호주 사람들 역시 중국이 너무 많은 자원을 사가는 것을 걱정하기 시작했죠. 그래서 호주는 중국 회사(화웨이)의 물건을 쓰지 않겠다고 하는 등 중국을 비판하기 시작했어요. 화가 난 중국은 호주가 파는 보리나 쇠고기를 사지 않겠다고 했어요. 호주도 지지 않고 중국 회사가 호주 회사를 마음대로 사지 못하게 막았죠. 그런데 중국이 호주산 석탄을 사지 않자, 오히려 중국의 몇몇 도시에 전기가 부족해지는 일이 벌어졌어요. 호주를 대신할 나라를 찾기 어려웠거든요.

이렇게 호주는 중요한 자원 때문에 미국과 중국의 힘겨루기에서 가장 중요한 곳이 되었어요. 그래서 우리가 먼 나라 호주에 관심을 가져야 하는 거랍니다.

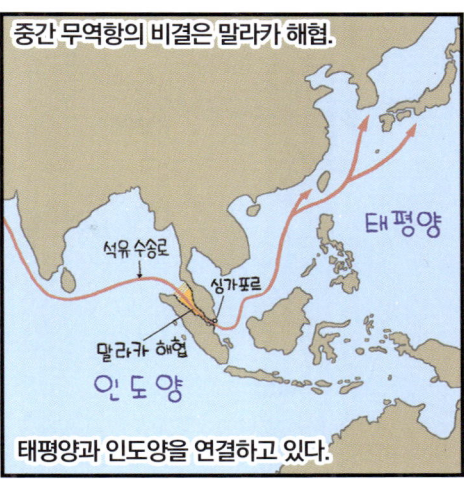

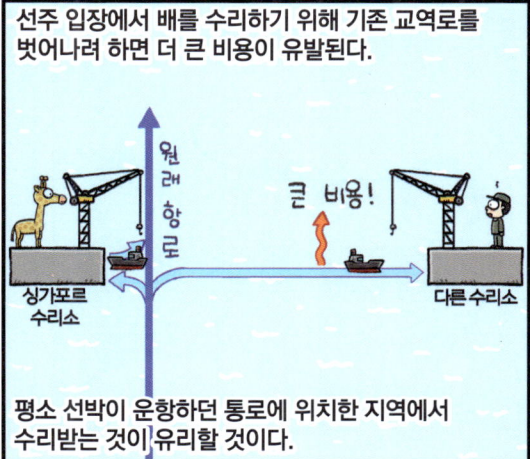

똑똑상식 플러스

싱가포르 프로필

- **수도:** 싱가포르 (도시가 곧 나라예요)
- **인구:** 약 604만 명 (우리나라 부산+인천 인구와 비슷해요)
- **면적(땅 크기):** 약 735 km² (서울보다 조금 커요)
- **1인당 GDP:** 약 88,000달러 (세계 최고 수준이에요!)
- **쓰는 돈 (통화):** 싱가포르 달러 ($)

 ### 바다 길목의 세계적인 중심지

싱가포르는 아주 특별한 곳에 있어요. 인도양과 태평양을 잇는 바다의 큰 길목인 '말라카 해협'에 있거든요. 전 세계의 큰 배와 비행기들이 싱가포르를 꼭 지나가요. 그래서 세계에서 가장 바쁜 항구와 공항을 가지고 있답니다. 많은 나라의 큰 회사들도 싱가포르에 사무실을 두고 아시아로 나가는 다리로 사용해요.

 ### 똑똑한 사람들의 비밀, 뜨거운 교육!

회사들이 싱가포르를 좋아하는 이유는 똑똑한 사람이 많기 때문이에요. 싱가포르 학생들은 아주 열심히 공부해요. 특히 초등학교 6학년 때 보는 'PSLE'라는 아주 중요한 시험이 있어요. 이 시험 성적으로 어떤 중학교에 갈지 정해지고, 그게 대학교까지 영향을 미친대요. 그래서 초등학생들이 우리나라 고3 수험생처럼 공부하고, 개인 과외나 학원도 많이 다녀요.

공부의 힘, 그리고 걱정

이렇게 열심히 공부해서 똑똑한 사람들이 많아진 덕분에, 싱가포르는 세계적인 금융(돈 관리) 중심지가 되었어요. 또 영어도 잘 통하고 규칙이 분명해서 회사들이 일하기 정말 편하죠. 하지만 부자 부모님이 과외를 시켜줄 수 있는 아이가 좋은 학교에 가기 쉽다는 문제, 그리고 미술이나 음악 공부는 조금 부족해진다는 걱정도 있답니다.

 ## 배들의 병원과 다양한 친구들

싱가포르는 바다 길목에 있어서 특별한 공장도 발달했어요. 바로 '배들의 병원'인 선박 수리업이에요! 바쁜 배들이 멀리 갈 필요 없이 싱가포르에서 고치고 떠날 수 있죠. 또 여러 나라 사람들이 모여 살아요. 중국계, 말레이계, 인도계 사람들이 모여 살고, 영어, 중국어, 말레이어, 타밀어 4개 국어를 다 같이 사용한답니다.

 ## 싱가포르의 새로운 숙제

멋지게 발전한 싱가포르에도 새로운 숙제가 생겼어요. 할아버지, 할머니가 많아져서 병원비 지출이 늘고 있어요. 또 오래된 공항이나 항구를 새로 고쳐야 해요. 가장 큰 숙제는 '음식'이에요. 싱가포르는 음식의 90%를 다른 나라에서 사 오거든요. 그래서 나라 안에서 직접 음식을 만들기 위해 '수직 농장' 같은 멋진 기술을 개발하고 있답니다.

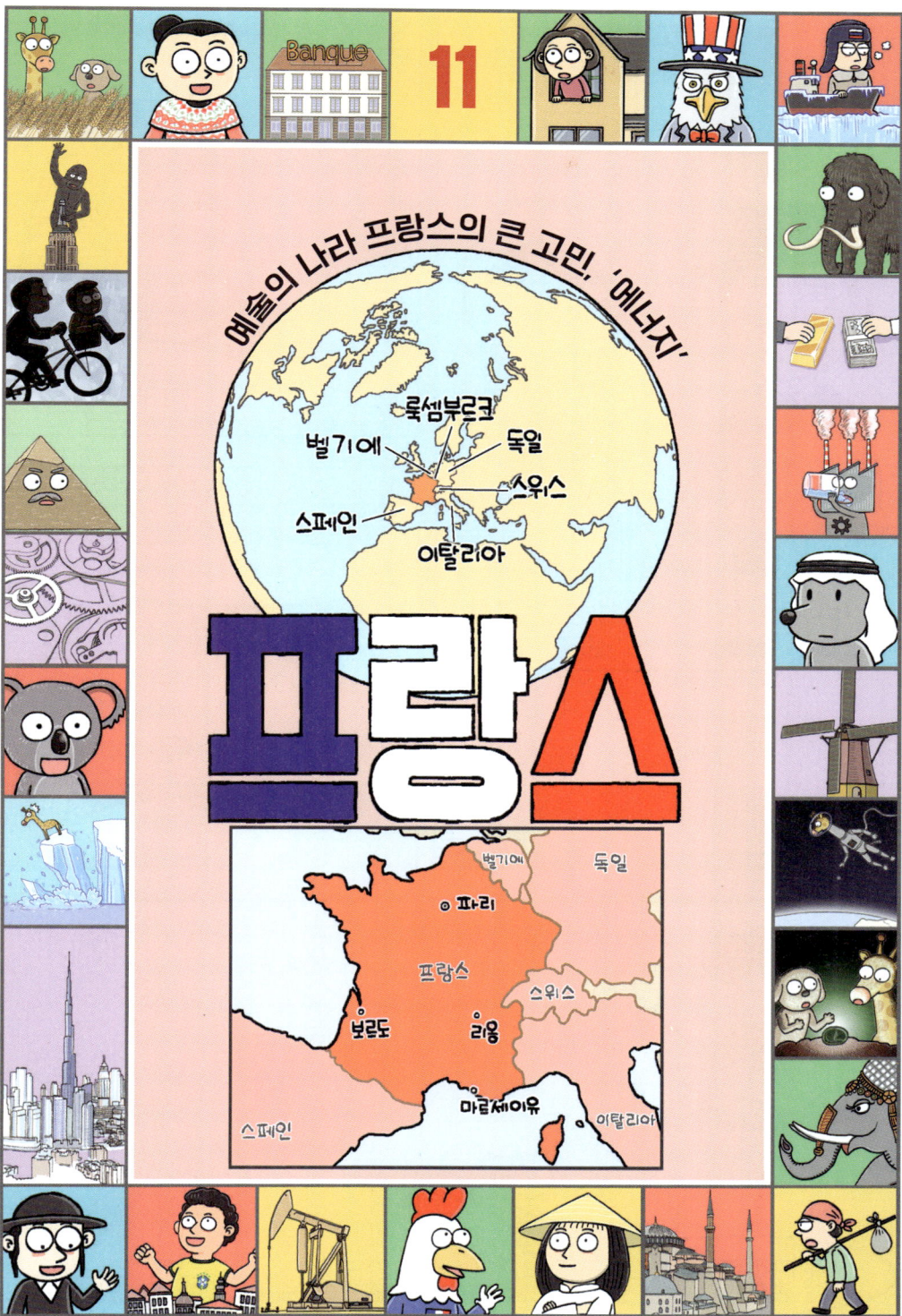

그 외에 프랑스는 유물, 유산, 다양한 브랜드 등 문화 파워도 상당하다.

프랑스의 개선문입니다.

이 아치 밑에는 1차 대전 때 전사한 무명용사들의 묘가 있다고 해요.

그런데 프랑스가 가장 자신있어하는 분야는 다름 아닌 농사예요.

농사요???

프랑스는 말이죠 농산물이 과잉 생산돼서 국내에서 다 소모를 못 할 정도예요.

밀이랑 옥수수 생산량이 OECD 회원국 중 2등이에요.

농사에 재주가 있네요.

그 대표적인 예가 오일쇼크 사태다.

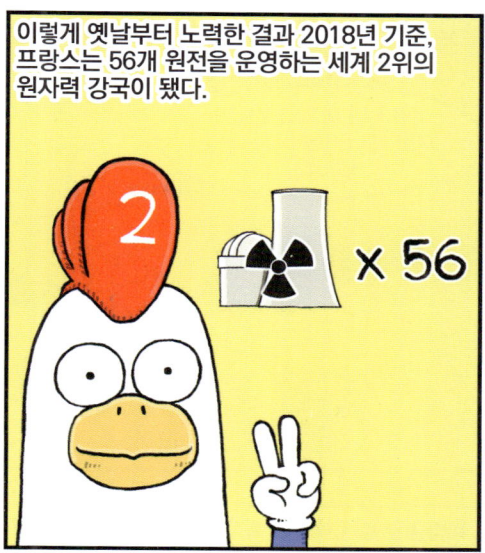

똑똑상식 플러스

프랑스 프로필

- **수도**: 파리
- **인구**: 약 6,600만 명 (우리나라보다 조금 많아요)
- **면적 (땅 크기)**: 약 551,000 km² (우리나라보다 약 5.5배 커요)
- **1인당 GDP**: 약 44,000달러 (우리나라보다 많아요)
- **쓰는 돈 (통화)**: 유로 (€)

스스로 힘을 키우고 싶었어요

프랑스 하면 에펠탑, 맛있는 빵, 멋진 그림이 떠오르죠? 프랑스는 스스로의 힘으로 나라를 지키는 것을 아주 중요하게 생각해요. 나라를 지키려면 '국방', '식량', '에너지'가 튼튼해야 하죠. 프랑스는 '식량'은 걱정이 없었어요. 유럽에서 가장 큰 농사 강국이거든요. 하지만 '에너지'가 늘 부족했어요. 미국이나 러시아, 영국처럼 석유나 석탄이 많이 나지 않았거든요. 프랑스의 역사는 이 '에너지 걱정'을 해결하기 위한 노력이랍니다.

"독일의 석탄이 필요해!"

옛날에 공장에서 물건을 만들려면 철과 석탄이 꼭 필요했어요. 신기하게도 프랑스는 철이 많았고, 바로 이웃 나라인 독일은 석탄이 많았어요. 그래서 두 나라는 서로의 자원을 차지하려고 오랫동안 크게 싸웠어요. 1차, 2차 세계대전도 이 문제와 깊이 관련되어 있답니다.

전쟁이 끝난 뒤에도 프랑스는 독일의 석탄을 아주 원했어요. 석탄이 없으면 망가진 나라를 다시 일으켜 세우기 어려웠으니까요.

 "싸우지 말고, 같이 쓰자!"

하지만 미국은 프랑스가 독일의 석탄을 마음대로 가져가는 것을 반대했어요. 그러자 프랑스는 아주 멋진 생각을 해냈어요. "독일아! 우리 이제 석탄이랑 철 때문에 그만 싸우고, 그냥 한데 모아서 같이 쓰자!"

이 멋진 생각이 바로 '유럽석탄철강공동체'예요. "우리끼리 싸우지 말고 친구가 되자"는 이 약속이, 오늘날 여러 유럽 나라가 하나로 뭉친 '유럽연합(EU)'의 첫걸음이 되었답니다!

 석유 대신 찾은 비밀 무기, '원자력'

석탄 문제는 해결했지만, 이번엔 석유가 문제였어요. 1973년, 중동 나라들이 석유를 팔지 않자 전 세계가 큰 혼란에 빠졌어요. 석유가 부족했던 프랑스는 또다시 위기를 맞았죠.

그래서 프랑스는 결심했어요. "석유에 흔들리지 않겠어! 우리는 '원자력'으로 1등이 되자!" 프랑스는 원자력 발전소를 아주 많이 지었어요. 그 결과, 지금은 전 세계에서 미국 다음으로 원자력 강국이 되었고, 나라에 필요한 전기의 70% 이상을 원자력으로 만들고 있답니다. 프랑스 사람들은 이것을 "우리의 힘을 되찾았다!"고 부른대요.

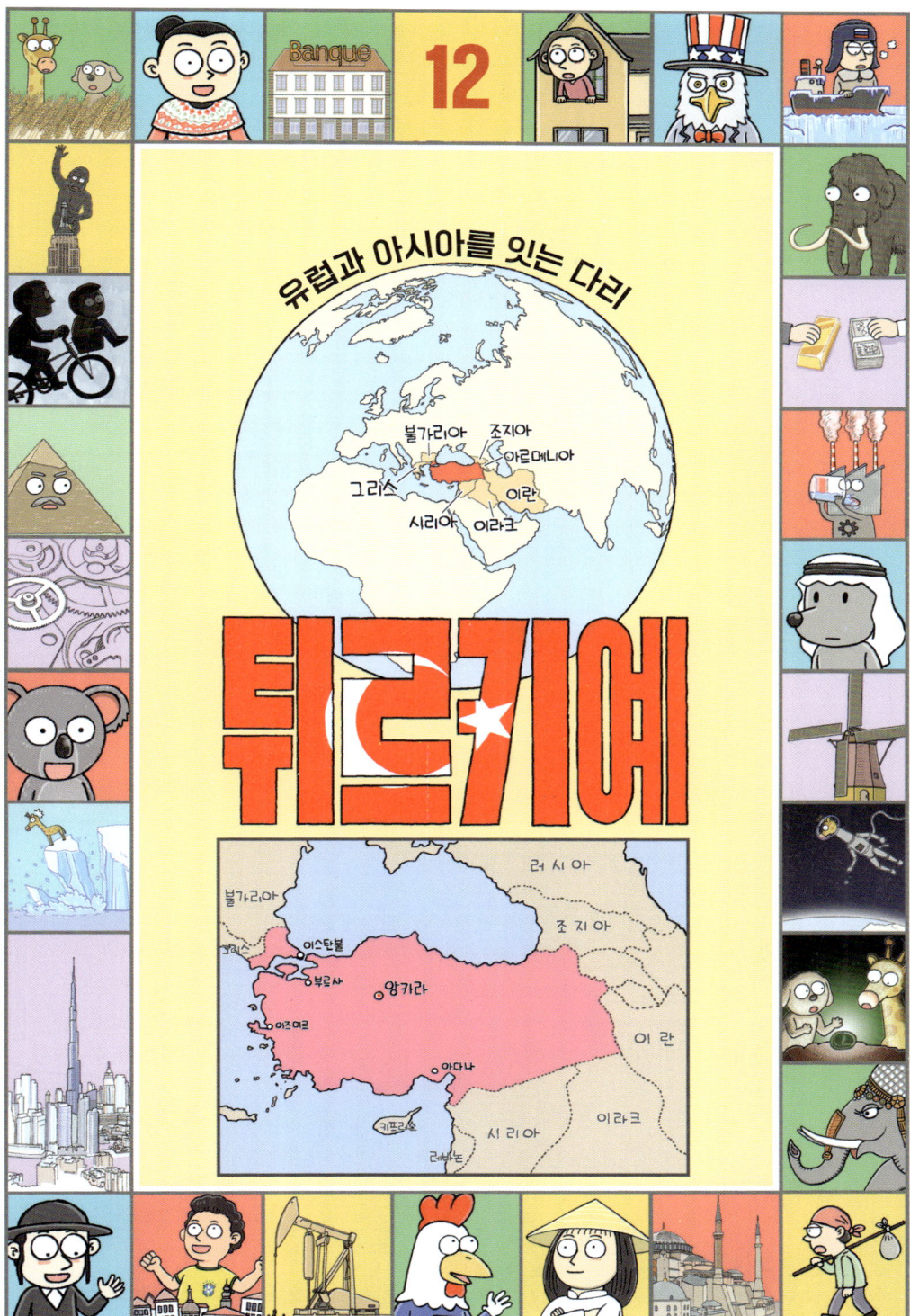

수도 : 앙카라
면적 : 783,562㎢
인구 : 약 8,566만 명(2024년)
공용어 : 튀르키예어

나라의 지정학적 위치는 흥망성쇠를 좌우할 만큼 중요하다.

흠, 스테이지의 지리학적 특성 때문에 점프를 3번은 해야겠군.

지리, 환경은 그 지역의 사람들에게 문화, 성격적인 영향도 적지 않게 준다.

이러한 지정학적인 부분은 국민들로서는 쉽게 바꿀 수 없기에 더 중요하다.

내가 태어난 나라에서 멀리 떨어진 곳에서 새롭게 시작하라니...

새로운 땅

쉽지 않음...

대다수 국가의 국민들은 지정학적 위치에 적응 혹은 체념하고서 살아간다.

비가 또 오네. 그냥 살자!

비가 안 오네. 그냥 살자!

그런데 놀랍게도 살 땅을 찾아 스스로 수천 킬로미터를 이동한 민족이 있으니...

내 친구의 집은 어디인가?

새 친구를 찾아보자.

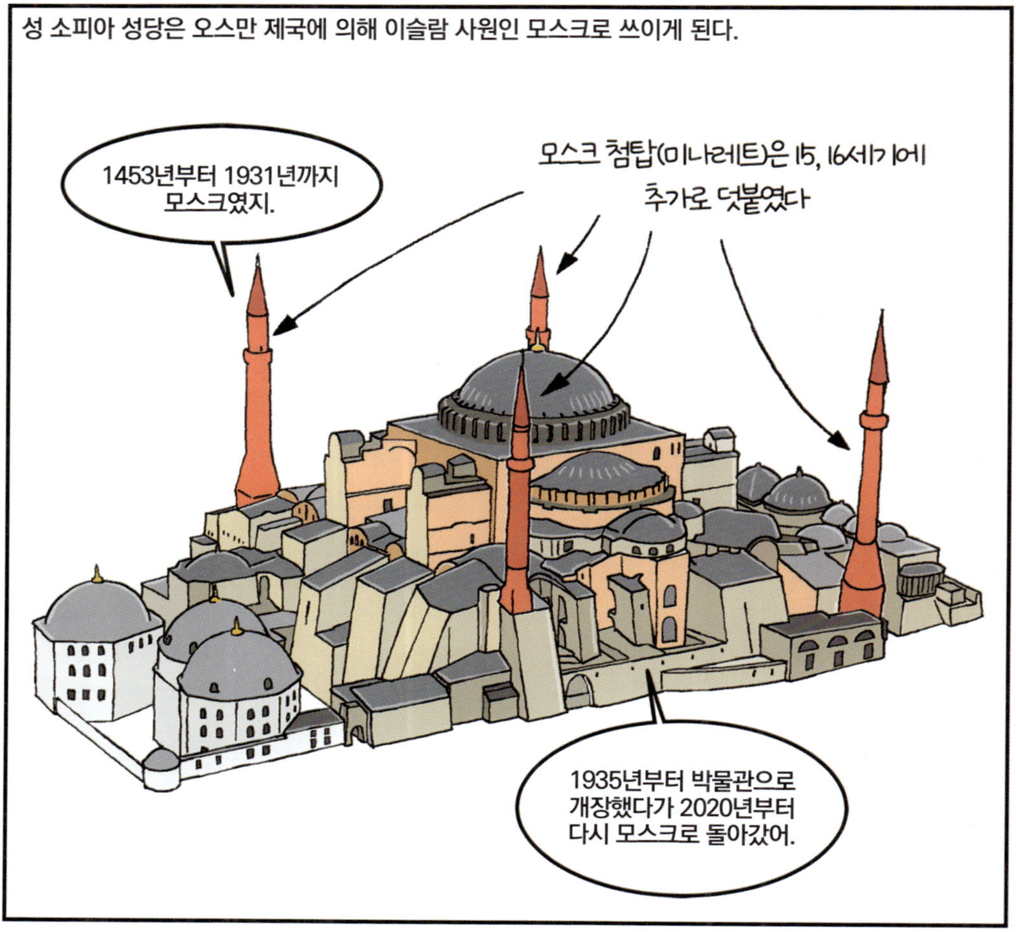

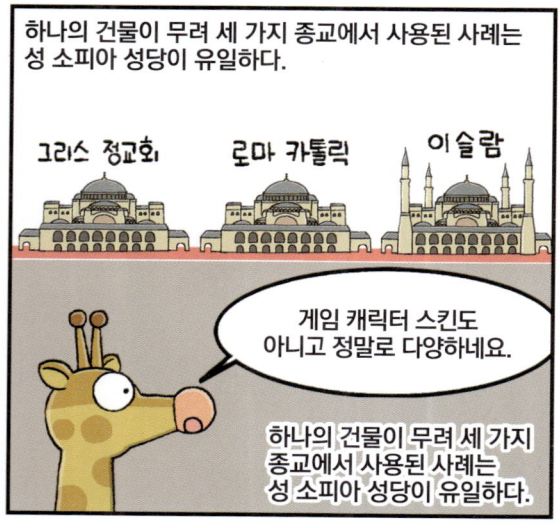

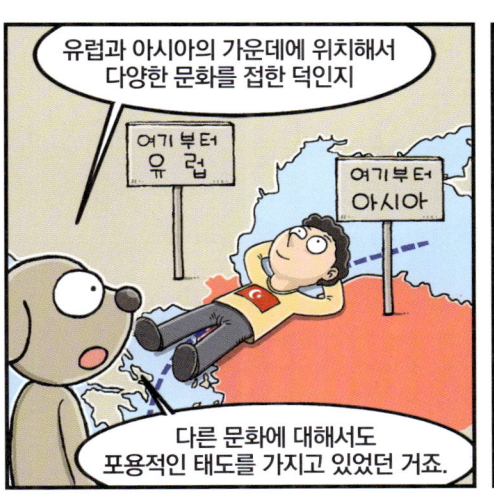

똑똑상식 플러스

튀르키예 (터키) 프로필

- 수도: 앙카라
- 인구: 약 8,566만 명 (우리나라보다 1.7배 많아요)
- 면적(땅 크기): 약 783,562 km² (우리나라보다 약 7.8배 커요)
- 1인당 GDP: 약 13,000달러 (우리나라보다 적어요)
- 쓰는 돈 (통화): 리라 (₺)

살기 좋은 땅을 찾아온 민족

어떤 나라가 어디에 있는지는 그 나라의 역사를 만드는 데 아주 중요해요. 대부분의 사람들은 태어난 곳에서 살아가지만, 튀르키예(터키) 사람들은 아주 특별해요. 그들은 살기 좋은 땅을 찾아서 수천 킬로미터를 이동했답니다. 지금 튀르키예는 아시아 대륙과 유럽 대륙이 만나는 '다리' 같은 곳에 자리 잡고 있어요.

우리는 이웃사촌이었어요!

튀르키예는 지금 유럽과 가깝지만, 아주 먼 옛날에는 우리나라의 이웃이었어요. 튀르키예 사람들과 우리 민족은 '알타이 산맥'이라는 같은 곳에서 출발했거든요. 중국 역사에 나오는 '흉노'나 '돌궐'이 바로 튀르키예 민족을 부르는 말이랍니다. 옛날엔 우리와 이웃이었지만, 튀르키예 민족은 씩씩하게 서쪽으로 계속 이동해서 지금의 자리에 정착했어요.

세 가지 종교가 머문 '성 소피아 성당'

튀르키예가 유럽과 아시아의 다리라는 것을 보여주는 멋진 건물이 있어요. 바로 '성 소피아 성당'이에요. 이 건물은 처음엔 기독교(그리스 정교회)의 성당이었어요. 그다음엔 기독교(가톨릭)의 성당으로 바뀌었다가, 나중엔 이슬람교의 사원(모스크)이 되었죠. 지금은 멋진 박물관이 되었답니다. 보통 이슬람 국가는 다른 종교의 흔적을 없애는 경우가 많은데, 튀르키예 사람들은 다양한 문화를 존중했어요. 그래서 99%가 이슬람교를 믿지만 다른 종교의 자유도 인정하는 멋진 나라랍니다.

 ### 한국의 소중한 '형제 나라'

튀르키예는 우리나라와 아주 친한 '형제 나라'예요. 두 나라는 자유롭게 물건을 사고팔기로 한 약속(FTA)도 했어요. 하지만 튀르키예는 유럽과 중동 사이에 있어서, 안전 문제(테러)에 아주 신경을 많이 써요. 그래서 회사 일이나 물건이 드나드는 절차가 조금 복잡할 수 있어요. 또 튀르키예 사람들은 정을 중요하게 생각해서, 일할 때 차(Tea)나 과자 같은 작은 선물을 주고받는 것을 좋아해요. 우리처럼 집 안에서 신발을 벗는 문화도 똑같답니다!

많은 우리나라 회사들이 튀르키예에 공장을 짓고 있어요. 현대자동차는 이곳에서 만든 차를 유럽과 중동에 팔아요. 튀르키예는 중앙아시아(카자흐스탄, 우즈베키스탄 등) 나라들과도 '형제 국가'로 불리거든요. 옛날에 서쪽으로 이동할 때 그곳에 정착한 사람들이라서 언어도 30~40%는 비슷하대요. 그래서 튀르키예와 친하게 지내면 중앙아시아 나라들과도 쉽게 친해질 수 있어요. 아주 먼 옛날 이웃이었던 튀르키예가 지금은 우리에게 더욱 소중한 친구가 되었답니다.

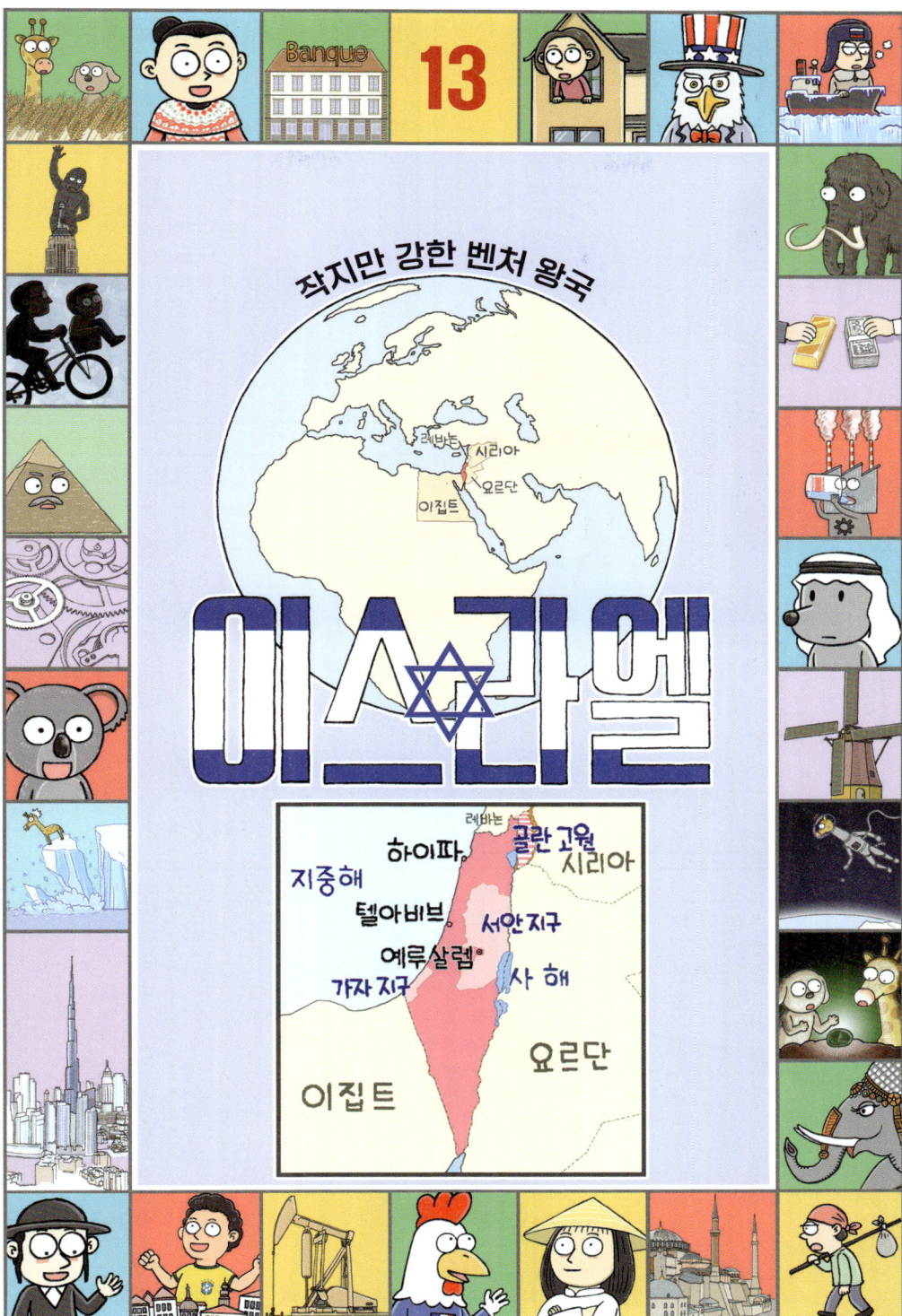

수도 : 예루살렘
면적 : 22,072 km²
인구 : 약 997만 명(2025년)
공용어 : 히브리어

나라의 국력은 크기로 결정되지 않는다.

현대에 들어와서 더더욱 체감되는 말이다.

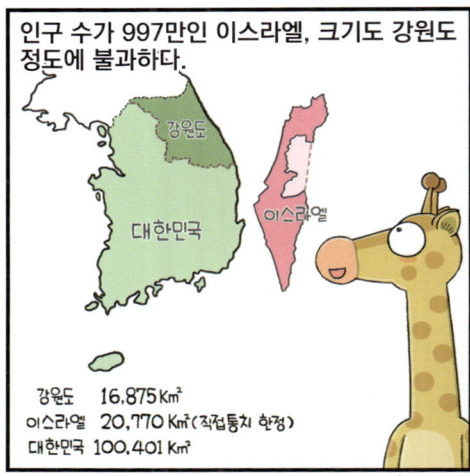

인구 수가 997만인 이스라엘, 크기도 강원도 정도에 불과하다.

강원도   16,875 km²
이스라엘 20,770 km² (직접통치 한정)
대한민국 100,401 km²

그럴지만 이스라엘은 강한 나라다.

다른 강점도 많지만 오늘 소개할 이스라엘의 특징은...

ICT

'정보통신기술(ICT)' 부문을 중심으로 한 벤처 분야!!!

와... ICT 그거 되게 어려운 거 아닌가?

세계 어디를 봐도 이스라엘 수준의 나라는 몇 없다고 해요.

신기하다...비결이 뭘까?

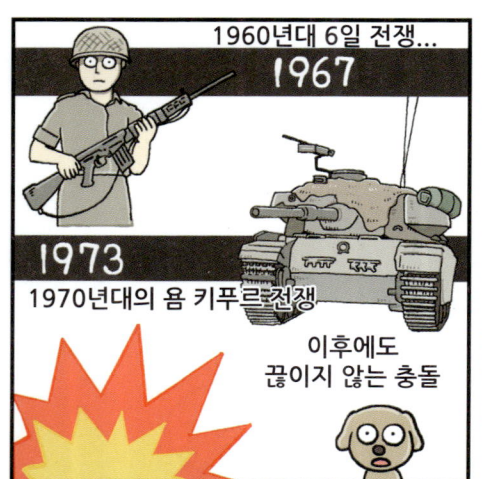

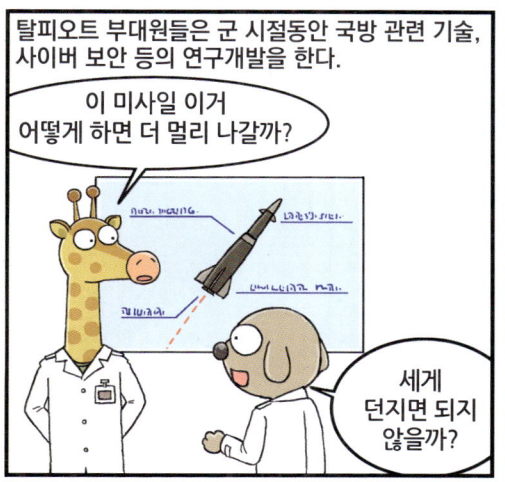

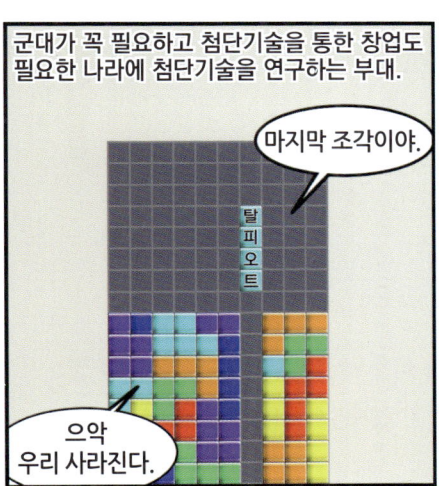

똑똑상식 플러스

이스라엘 프로필

- **수도:** 예루살렘
- **인구:** 약 997만 명 (서울 인구와 비슷해요)
- **면적(땅 크기):** 약 22,072 km² (우리나라 경상도와 비슷해요)
- **1인당 GDP:** 약 55,000달러 (우리나라보다 많아요)
- **쓰는 돈 (통화):** 신 셰켈 (₪)

 ### 작은 나라, 큰 꿈

이스라엘은 땅 크기가 우리나라 강원도만 한 작은 나라예요. 인구도 997만 명 정도로 서울과 비슷하죠. 하지만 이 작은 나라가 컴퓨터와 인터넷 기술로 전 세계를 놀라게 하고 있답니다!

이스라엘에서는 많은 사람들이 새로운 회사를 만들어요. 인구 수에 비해 새로운 회사를 만드는 사람이 세계에서 가장 많죠. 미국 나스닥이라는 큰 주식시장에 이름을 올린 이스라엘 회사가, 유럽 전체 회사보다 더 많을 정도예요. 그래서 전 세계에서 돈을 투자하는 사람들이 이스라엘을 주목하고 있답니다.

비밀은 군대에 있어요

이스라엘이 이렇게 강한 이유는 무엇일까요? 놀랍게도 그 비밀은 '군대'에 있어요! 이스라엘은 주변 나라들과 자주 전쟁을 했어요. 그래서 나라를 지키는 것이 무척 중요했죠. 모든 사람이 군대에 가야 해요. 남자는 3년, 여자는 2년 동안 군인이 된답니다.

하지만 이스라엘의 군대는 다른 나라와 달라요. 보통 군대에서는 높은 사람의 명령을 무조건 따라야 하죠. 그런데 이스라엘에서는 계급이 낮은 군인도 자기 생각을 말할 수 있어요. 계급이 높은 군인과 낮은 군인이 함께 이야기하고, "그 명령은 틀린 것 같아요!" 하고 의견을 낼 수 있답니다.

왜 이렇게 했을까요? 이스라엘은 사람이 적어서 군대 조직이 작았어요. 그래서 모든 군인이 스스로 생각하고, 스스로 판단할 수 있어야 했답니다.

 군대가 회사 만드는 학교가 되었어요

이런 특별한 군대 생활은 이스라엘 사람들에게 큰 영향을 주었어요. 새로운 회사를 만드는 것도 군대와 비슷하거든요. 작은 회사는 모든 직원이 회사 상황을 잘 알아야 하고, 스스로 문제를 해결해야 해요. 이스라엘 사람들은 군대에서 이미 이런 경험을 했기 때문에 회사를 만드는 데 익숙했답니다.

더 신기한 것은 '탈피오트'라는 특별한 부대예요. '최고 중의 최고'라는 뜻을 가진 이 부대에는 매년 2,000명이 지원하지만 200명만 들어갈 수 있어요. 뽑힌 사람들은 대학에서 수학과 컴퓨터를 배우고, 9년 동안 군인으로 일해요. 힘들지만 여기서 배운 것이 나중에 훌륭한 회사를 만드는 데 큰 도움이 된답니다.

이스라엘은 자기 나라 상황에 맞게 특별한 방법을 찾아냈어요. 작은 나라지만 사람들의 새로운 생각과 기술력으로 세계적인 '벤처 강국'이 될 수 있었답니다!

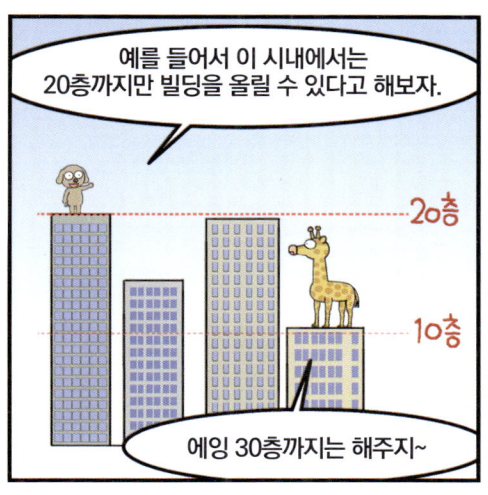

*완공 당시에는 팬 아메리카 항공 빌딩이었는데 1982년 메트라이프에 매각

* 미아 패로 법 : 뉴욕의 임대료 상한제를 일컫는 말로 주로 이 법의 부작용에 대해 설명할 때 사용된다.

뉴욕은 우리에게 그런 교훈을 주는 것이다.

똑똑상식 플러스

🇺🇸 미국 (USA) 프로필

- **수도**: 워싱턴 D.C.
- **인구**: 약 3억 4,011만 명 (우리나라보다 약 6.6배 많아요)
- **면적(땅 크기)**: 약 983만 km² (우리나라보다 약 98배 커요!)
- **1인당 GDP**: 약 80,000달러 (우리나라보다 2배 이상 많아요)
- **쓰는 돈 (통화)**: 미국 달러 ($)

뉴욕시(New York City) 프로필

- **소속 국가**: 미국
- **인구**: 약 848만 명 (서울과 비슷해요)
- **면적**: 약 1,214 km² (서울보다 조금 커요)
- **쓰는 돈**: 미국 달러 ($)

주유소도 없는 비싼 땅, 맨해튼

미국 뉴욕의 중심지, 맨해튼에 가보면 아주 이상한 점이 있어요. 바로 주유소를 찾기가 하늘의 별 따기라는 거예요! 땅값이 너무너무 비싸서, 주유소를 짓는 것보다 높은 빌딩을 짓는 게 훨씬 이득이거든요. 그래서 옛날에 있던 주유소 자리에도 지금은 모두 멋진 고층 빌딩이 서 있답니다. 뉴욕이 얼마나 땅값이 비싼지 알 수 있겠죠?

하늘을 사고파는 '공중권'

땅이 부족해지자 뉴욕 사람들은 심지어 '하늘'을 사고팔기 시작했어요. 바로 '공중권'이라는 권리예요. 예를 들어, 20층까지만 지을 수 있는 동네에 15층짜리 건물이 있다면, 짓지 않은 5층만큼의 '하늘 권리'가 남아요. 이 권리를 옆 건물에 팔면, 그 건물은 20층보다 5층 더 높은 25층 건물을 지을 수 있게 된답니다!

 ## 부자들을 위한 이상한 법?

그런데 이렇게 비싼 뉴욕에서 한때 이상한 일이 있었어요. 옛날에 정부가 "월세를 올리지 마세요!", "세입자를 함부로 내보내지 마세요!"라는 법을 만들었거든요. 그래서 유명한 영화배우가 아주 좋은 아파트에 싼 월세로 살기도 했대요. 하지만 이 법은 문제가 많았어요. 집주인들이 돈을 못 버니 새 아파트를 짓지 않아 동네가 낡아갔죠. 또, 집주인들은 싼 월세로 아는 사람들에게만 집을 빌려줬어요. 결국 진짜 집이 필요했던 가난한 사람들은 오히려 집을 구하기가 더 힘들어졌답니다.

 ## 무서운 동네를 반짝이게 바꾼 가게 주인들

지금은 반짝이는 '타임스퀘어' 알죠? 하지만 1980년대에는 아주 무서운 우범지대였어요. 뉴욕시가 10년이나 노력했지만 고치지 못했죠.
이 문제를 해결한 건 바로 가게 주인들이었어요! 주인들은 "우리 동네를 우리가 바꾸자!"며 '우리 동네 개선 모임(BID)'을 만들었어요. 직접 돈을 모아 동네를 깨끗하고 안전하게 지켰죠. 60%가 찬성하면 모두가 돈을 내는 규칙도 만들었어요. 결과는 대성공이었어요! 범죄가 사라진 타임스퀘어는 지금처럼 멋진 관광명소가 되었답니다. 정부가 못한 일을 가게 주인들이 힘을 합쳐 해낸 거예요!

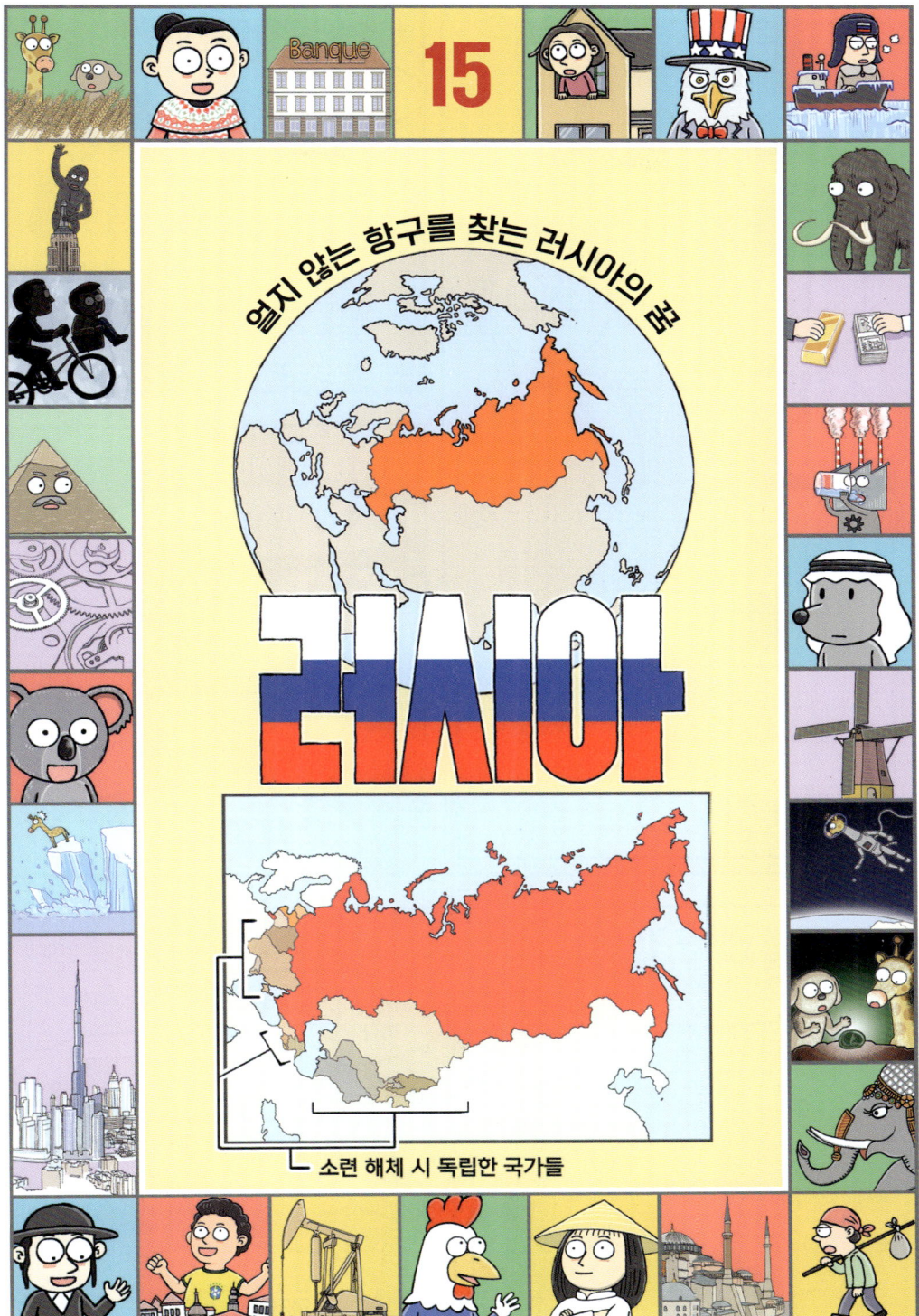

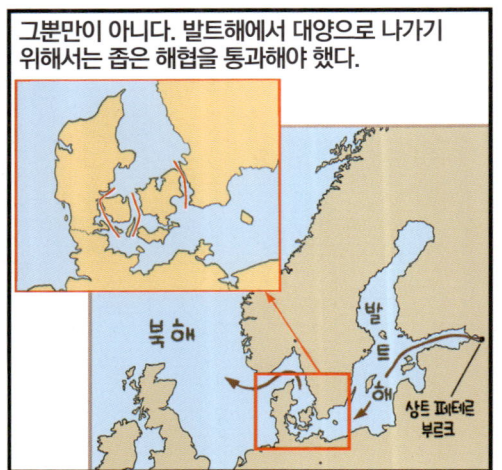

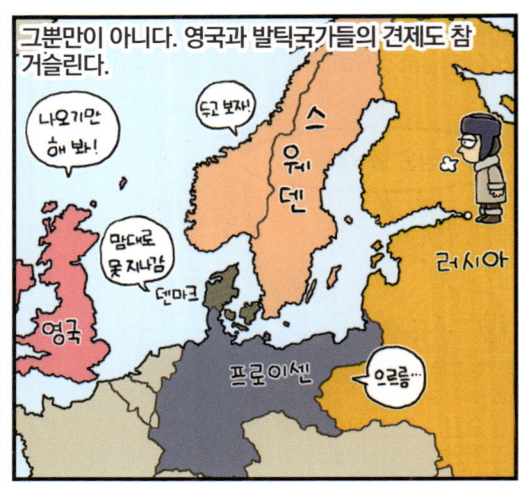

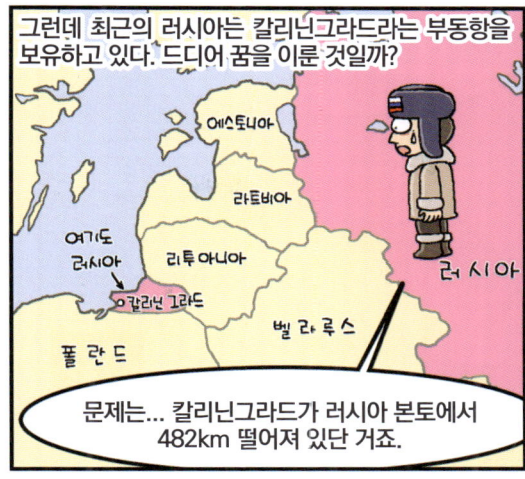

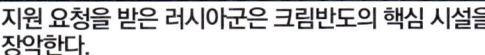

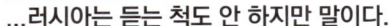

똑똑상식 플러스

러시아 프로필

- 수도 : 모스크바
- 인구 : 약 1억 4,615만 명 (우리나라보다 약 2.8배 많아요)
- 면적(땅 크기) : 약 1,710만 km² (세계 1위! 우리나라보다 약 170배 커요!)
- 1인당 GDP : 약 13,000달러 (우리나라보다 적어요)
- 쓰는 돈 (통화) : 루블 (₽)

 얼지 않는 항구를 향한 꿈

러시아는 세상에서 땅이 제일 넓은 나라예요. 우리나라보다 170배나 크고, 2등인 캐나다보다도 거의 두 배나 크답니다. 옛날 '소련' 시절에는 지금보다 훨씬 더 넓었어요. 하지만 러시아는 아주 큰 고민이 있었어요. 나라가 아무리 넓어도, 겨울이 되면 바다가 꽁꽁 얼어버리는 거예요! 그래서 배가 1년 내내 자유롭게 드나들 수 있는 '얼지 않는 항구'(부동항)가 꼭 필요했답니다. 옛날 유럽 나라들이 배를 타고 전 세계로 나가서 힘이 세질 때, 러시아는 바다가 얼어서 나갈 수가 없었거든요.

 항구를 찾기 위한 끝없는 노력

러시아는 얼지 않는 항구를 찾기 위해 오랫동안 노력했어요. 유럽 쪽 바다는 겨울에 얼거나, 다른 나라들이 좁은 바다 길을 막기 쉬웠어요. 그래서 반대쪽 아시아로 눈을 돌렸죠. '블라디보스토크' 항구를 얻었지만, 그곳도 겨울엔 얼어버렸어요. 일본과 전쟁을 해서라도 항구를 얻으려 했지만 실패하기도 했죠. 러시아가 유럽 쪽에 가진 유일한 부동항은 '칼리닌그라드'라는 곳이에요. 그런데 이 항구는 러시아 본토와 멀리 떨어져 있는 작은 땅이랍니다. 러시아는 이 중요한 항구를 지키기 위해 월드컵 경기장까지 지었어요.

가장 중요했던 항구, 크림반도

러시아가 얼지 않는 항구에 얼마나 간절했는지는 '크림반도' 이야기를 보면 알 수 있어요. 크림반도에 있는 '세바스토폴' 항구는 1년 내내 얼지 않는 아주 완벽한 항구예요. 이 항구만 있으면 유럽, 중동, 아프리카로 쉽게 나갈 수 있거든요. 아주 오래전에는 러시아 땅이었는데, 나중에 우크라이나 땅이 되었어요. 1991년 '소련'이 헤어지면서 우크라이나가 독립할 때, 러시아는 이 소중한 항구를 잃어버리게 되었죠. 그래서 러시아는 2014년에 여러 가지 복잡한 일이 생겼을 때, 이 크림반도를 다시 러시아 땅으로 가져왔어요. 얼지 않는 항구가 그만큼 중요했기 때문이에요.

지구가 따뜻해지자 생긴 일?

러시아는 수백 년 동안 전쟁까지 하면서 얼지 않는 항구를 겨우 3개 정도 가졌어요. 그런데 아주 이상한 일이 생겼어요. 바로 '지구 온난화'예요. 지구가 점점 따뜻해지면서 러시아 위쪽에 있는 북극의 얼음이 녹고 있거든요! 만약 북극 얼음이 다 녹으면, 러시아는 그동안 꽁꽁 얼어있던 북쪽 바다를 마음껏 쓸 수 있게 돼요. 수백 년간 노력해도 못 가졌던 '얼지 않는 항구' 수십 개가 저절로 생기는 거예요! 러시아의 오랜 꿈이 지구 온난화 때문에 이루어질지도 모른다니, 정말 신기한 일이죠?

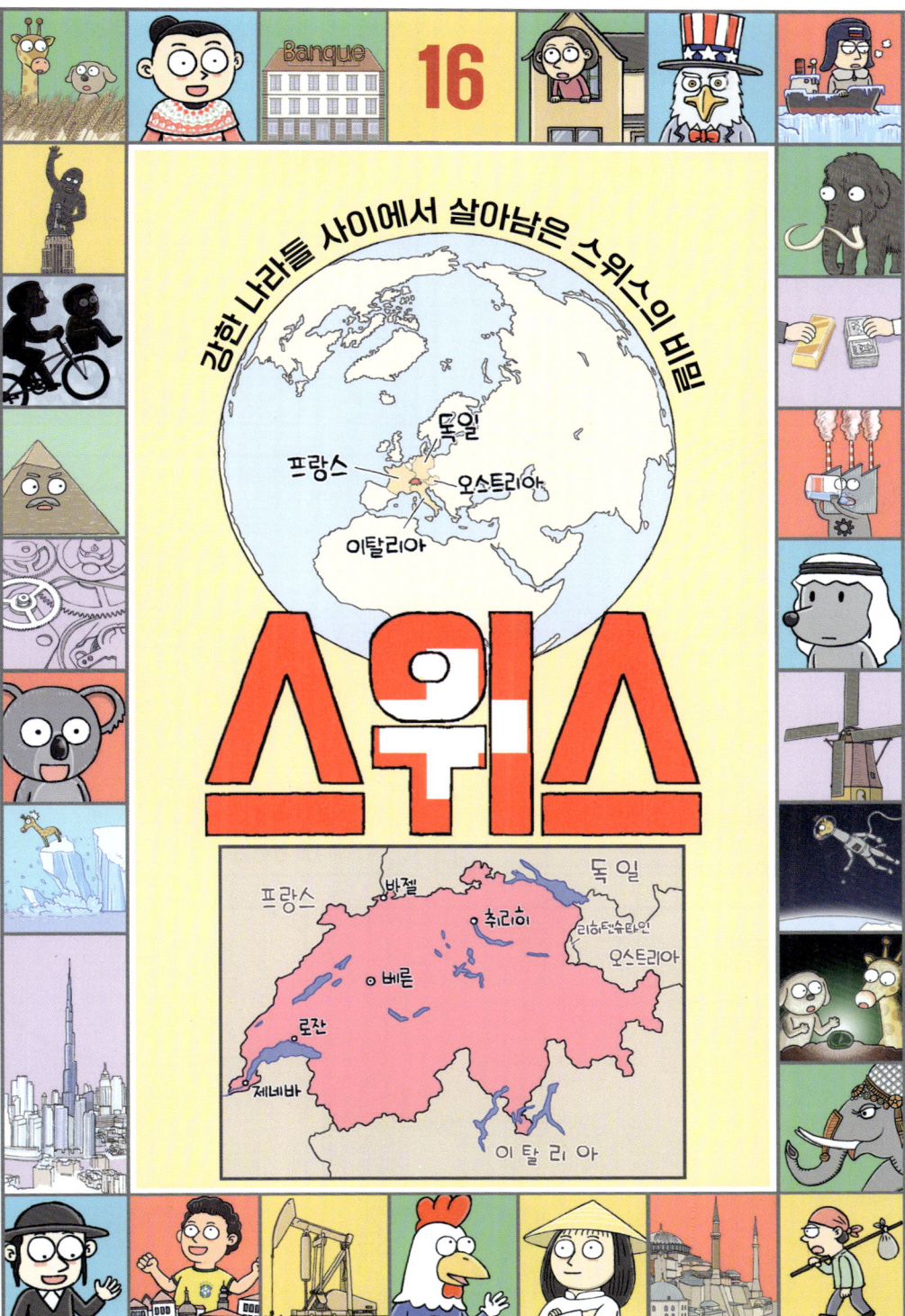

수도 : 베른
면적 : 약 41,200㎢
   (우리나라의 약 40% 크기예요)
인구 : 약 890만 명 (서울 인구와 비슷해요)
공용어 : 카스티야어(스페인어)

최근 EU 무역 방식이 남북 방향에서 동서 방향으로 바뀌었지만, 여전히 스위스 지역은 막강한 지리적 이점을 지녔다고 평가받는다.

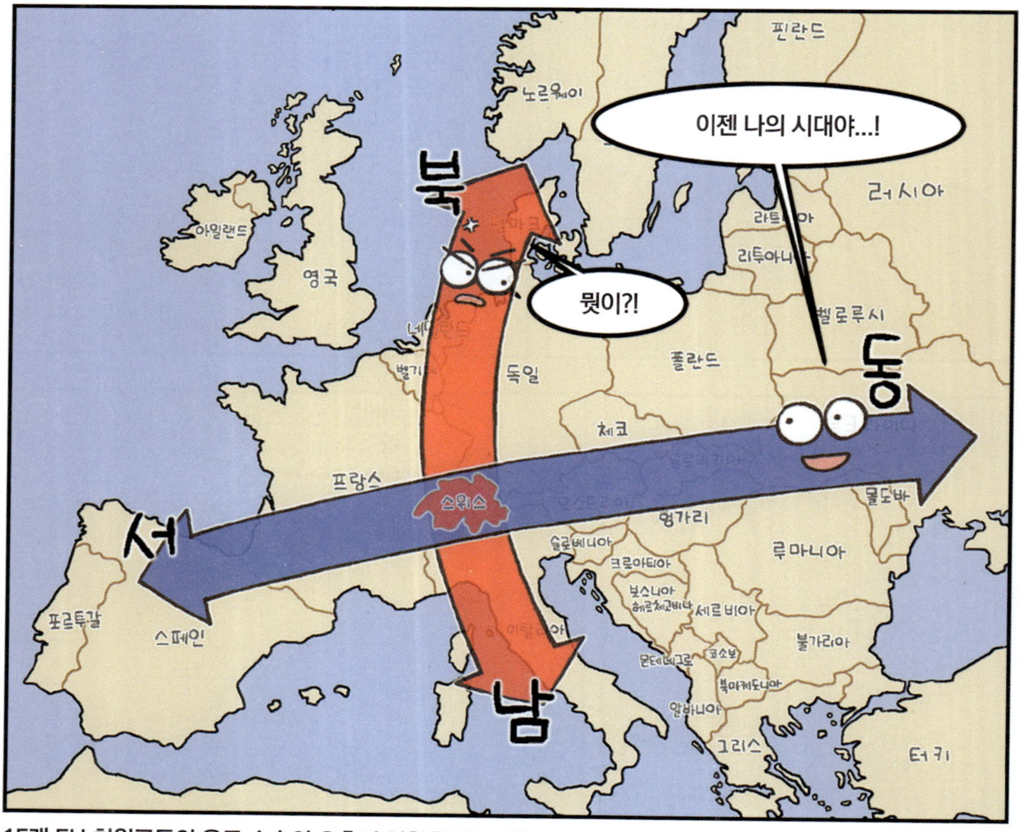

15개 EU 회원국들의 육로 수송의 요충지 역할을 맡고 있는 걸 보면 명명백백하다.

똑똑상식 플러스

🇨🇭 스위스 프로필

- **수도**: 베른
- **인구**: 약 890만 명 (서울 인구와 비슷해요)
- **면적(땅 크기)**: 약 41,200 km² (우리나라의 약 40% 크기예요)
- **1인당 GDP**: 약 105,000달러 (세계 최고 수준이에요!)
- **쓰는 돈 (통화)**: 스위스 프랑 (CHF)

 ### 강대국 사이의 힌트, 스위스

요즘 전 세계는 미국과 중국이라는 두 강한 나라가 힘겨루기를 하고 있어요. 우리나라도 그 사이에서 어떻게 해야 할지 고민이 많답니다. 이럴 때 우리에게 좋은 힌트를 주는 나라가 있어요. 바로 아름다운 자연으로 유명한 스위스예요.

 ### 자꾸만 쳐들어오는 이웃 나라들

스위스는 지금은 평화롭지만, 옛날에는 슬픈 역사가 있었어요. 스위스는 유럽의 한가운데, 마치 '네거리' 같은 곳에 있었거든요. 이탈리아에서 유럽 북쪽으로, 또 독일에서 남쪽으로 가려면 꼭 스위스를 지나야 했어요. 그래서 장사하기는 좋았지만, 전쟁이 나면 강한 나라들이 스위스 땅을 차지하려고 계속 쳐들어왔어요. 로마제국, 게르만족, 프랑크제국 등 아주 오랫동안 괴롭힘을 당했죠.

스위스의 특별한 약속, "우리는 중립국!"

계속되는 전쟁에 지친 스위스 사람들은 특별한 결심을 했어요. "우리는 '영세중립국'이 되자!" 이건 바로 "우리는 절대로 다른 나라의 전쟁에 끼어들지 않을게요. 대신 우리도 공격하지 마세요."라는 세상과의 약속이에요. 1815년, 드디어 전 세계가 이 약속을 인정해주었답니다.

 ## 전쟁을 피하게 해준 비밀 무기, '스위스 프랑'

하지만 진짜 위기는 세계 2차 대전 때 찾아왔어요. 다른 중립국들은 약속을 어긴 독일의 공격을 받았어요. 스위스도 독일과 이탈리아 사이에 있어서 아주 위험했죠. 그런데 독일은 스위스를 쳐들어가지 못했어요. 왜일까요? 비밀은 바로 스위스의 돈, '프랑'이었어요. 당시 독일은 전쟁 물건을 사기 위해 다른 나라 돈이 필요했어요. 하지만 독일 돈은 전쟁에서 지면 휴지조각이 될까 봐 아무도 받으려 하지 않았죠. 그때 모든 나라가 믿어준 돈이 바로 전쟁에 참여하지 않은 중립국, 스위스의 '프랑'이었어요! 독일은 전쟁 물건을 사려면 스위스 '프랑'이 꼭 필요했죠. 만약 스위스를 쳐들어가면 이 중요한 돈을 쓸 수 없게 되니까, 쳐들어갈 수 없었던 거예요.

 ## 스위스가 우리에게 주는 힌트

스위스는 '중립국'이라는 특별한 위치 덕분에 '금융'(사람들의 돈을 안전하게 맡아주는 일) 산업이 크게 발전했어요. 지금 우리가 스위스처럼 중립국이 되자는 뜻은 아니에요. 하지만 스위스가 강한 나라들 틈에서 자기만의 똑똑한 방법(돈의 힘!)으로 살아남았듯이, 우리나라도 미국과 중국 사이에서 우리만의 특별한 힘을 키워야 한다는 멋진 힌트를 얻을 수 있답니다.

우주인도 이 정도 알아야 부자된다!
각 나라의 경제 비밀을 알아보면 여행이 16배는 더 신나잖아~

1판 1쇄 발행 2025년 12월 15일

발행 최현우
원작 박정호 · **만화 글** 무선헤드셋 · **그림** 홍윤표(홍카툰)
기획 교정 학습만화팀 · **표지** 박세진 · **조판** SEMO

펴낸곳 골든래빗(주)
등록 2020년 7월 7일 제 2020-000183호
주소 서울특별시 마포구 양화로 186 LC타워 4층 449호
전화 0505-398-0505 · **팩스** 0505-537-0505
이메일 erroeta@goldenrabbit.co.kr
홈페이지 www.goldenrabbit.co.kr
SNS facebook.com/goldenrabbit2020

ISBN 979-11-94383-59-8   73900

* 파본은 구입한 서점에서 바꿔드립니다.

우리는 가치가 성장하는 시간을 만듭니다.
골든래빗은 가치가 성장하는 도서를 함께 만드실 저자님을 찾고 있습니다.
내가 할 수 있을까 망설이는 대신, 용기 내어 골든래빗의 문을 두드려보세요.
apply@goldenrabbit.co.kr

이 책은 대한민국 저작권법의 보호를 받습니다.
일부를 인용 또는 재사용하려면 반드시 저자와 골든래빗(주)의 동의를 구해야 합니다.

골든래빗 바로가기